미안함에 대하여

**일러두기**

1  오랫동안 〈한겨레〉에 게재한 칼럼을 편집하여 한 권으로 묶었으며,
   제목도 새로 달았다.
2  각 글 꼭지 끝에 발표 시기를 밝혀두었다.
3  각 꼭지 끝에 달린 덧글은 발행 시점에 맞춰 저자가 덧붙인 것이다.

# 미안함에 대하여

──────── 홍세화 사회비평에세이

한겨레출판

# 차례

# 살아남은 자의 미안함

세월호 참사 이후 6년 여 동안 〈한겨레〉 지면에 실은 칼럼을 책으로 묶었다. 많은 이들이 '2014년 4월' 이후의 한국사회는 그 이전과 달라져야 한다고 말했다. 무엇보다 속절없이 죽음을 당한 학생들에 대한 미안함이 작용했을 것이다. 나에게도 미안함이 주체하기 어렵게 밀려왔다. 돌아보니 어느 글에선가 20년 동안의 난민생활을 접고 귀국한 뒤 내 정서를 지배하는 것은 분노보다는 슬픔, 슬픔보다는 쓸쓸함이라고 쓴 적이 있다. 세월호는 거기에 미안함을 얹게 했다. 아니, 내 안에는 세월호 훨씬 이전부터 살아남은 자의 미안함이 있었다.

누구 말처럼, 강한 자여서 살아남았던 게 아니다. 요행 덕으로 살아남았다. 무엇보다 잔혹한 국가폭력을 피할 수 있었다. 남민전의 선후배와 동료들이 겪어야 했던 일이 나에겐 가위 눌리는 악몽에 머물렀다. 그렇지 않았더라면 워낙 심약했기에 설령 목숨은 아직 남아 있다고 하더라도 이미 나일 수 없을 만큼 무너졌을 것이다. 운 좋게 망명도생할 수 있었는데, 『나는 빠리의 택시운전사』는 가난의 질곡이라는 불안에서 벗어날 수 있을 만큼의 물질적 여유까지 허용했다. 귀국한 지 2개월쯤 뒤 가진 라디오 인터뷰에서 "한국사회에 잘 적응하고 계신가요?"라는 물음에 "적응해야 하나요?"라고 반문케 했던 불온성은 그런 여유 덕에 간직할 수 있었을 것이다.

〈한겨레〉에 의탁해 글을 썼고 책을 펴냈다. 깜냥이 되지 않는다는 것을 금세 알았지만 현실 정치에 투신했던 2년여 기간을 빼면 〈한겨레〉에 계속 칼럼을 썼다. 한국사회와 직접 만나고 부딪히기보다 한겨레 칼럼을 통해 한국사회와 만나고 부딪혀 왔다고 할 수 있을 만큼 한겨레 칼럼 쓰기는 내 삶에서 중요한 부분을 차지했다. 어렵다는 점에서 칼럼 쓰기는 앞쪽에 속할 텐데, 최근에 나는 어려움보다 불편함을 느끼고 있다. 나이 듦에 따라 웅숭깊은 지혜를 담은 글을 써야 하는데, 여전히 불온한 글을 쓰고 있는 데서 오는 불편함이다.

그렇지만 그런 글을 쓰는 게 어쩔 수 없는 나일 것이다. 해 질 무렵 초승달을 바라볼 때 그렇듯이 나는 여기서도 자주 스스로 이방인을 느낀다. 난민이며 이주노동자였던 나는 소수자, 약자의 자리에서 벗어날 수 없다. 육체적 품이든 정신적 품이든, 품을 팔아야 먹고 살 수 있는, 자본주의사회의 약자인 노동자의 자리에서도 벗어날 수 없다. 국가폭력의 상흔이 내 몸에서 사라지지 않았듯이, 일곱 살 딸아이의 "왜 우유 안 사?"라는 말도 뇌리에서 사라지지 않았다. 이를테면 나의 미안함은, 요행으로 살아남은 내가 그 요행이 없었더라면 살아남지 못했을 나에게 느끼는 미안함에서 비롯된 것이다. 다른 사람 아닌 나부터 챙긴다는 점에서 이기적이라고 말할 수 있지만 그만큼 절실하다고도 말할 수 있다. 몰상식과 광신의 늪에서 성소수자들이 겪는 고통이, 이 땅에 와 있는 난민들, 이주노동자들의 고난이 남의 일처럼 느껴지지 않는다. 미래에 대한 불안 때문에 오늘을 끝없이 저당 잡힌 일상을 보내는 청소년 학생들에 대한 미안함은, 미안함에서 멈추지 않고 분노를 일으킨다. 부가 대물림된다면 그 반대편에 가난의 대물림이 있는데, 가난이 죄인 사회에서 가난한 사람들이 발언할 수 없을 때, 부러움이든 시기든 부의 대물림만 바라보는 대신 대물림되는 가난을 바라보자고 말하고 싶은 것이다. 그리하여, 지금 여기의 고통과 불행, 불안을 조금이라도 줄이기 위한 목소리를 안간힘처럼 내보는 것이다.

  미국의 한 정치철학자는 확신에 차 있더라도 틀렸을 가능성을 열어두어야 한다고 말했다. 오늘 한국사회는 어느 때보다도 진영논리, 확증편향의 늪에 빠져 있으므로 더욱 귀담아들어야 할 충고다. 나 또한 이 책에서 잘못된 판단, 편향된 주장을 펼쳤을 수 있다. 이 책에 담긴 내용을 놓고 독자와 토론할 기회가 주어진다면 그보다 더 보람차고 즐거운 일이 없을 것이다.

# 1부

───── **인간의 몸은 평등한가**

# 두 노동자 이야기

코로나바이러스는 모든 몸에 침투한다. 부유한지 가난한지, 지체가 높은지 낮은지는 침투 이후의 문제다. 하지만 누구나 이 바이러스에는 지대한 관심을 갖는다. 올해 노동절을 이틀 앞두고 38명의 비정규직 하청노동자가 경기도 이천 소재 한익스프레스 물류창고에서 화재 사고로 숨졌다. 이 사건에 대한 관심은 잠깐 뜨거웠다가 오래 지나지 않아 식어버렸다. 불온한 나는 지금까지 260여 명이 사망한 코로나바이러스에 대한 관심의 10분의 1 아니 100분의 1이라도 매년 2000건에 이르는 산재 사망 사고에 닿는다면 중대재해기업처벌법이 오래전에 제정되었을 것이라고 생각한다. 코로나바이러스 앞에서 인간의 몸은 평등하지만, 기업의 이윤 앞에서 인간의 몸은 평등하지 않다. 하지만 우리는 길들여졌다.

"63세 임시 계약직 노인장의 노동 일지"라는 부제가 달린 『임계장 이야기』는 아파트 주민을 소수의 착한 사람, 다수의 무관심한 사람, 극소수의 나쁜 사람으로 분류한다. 나 또한 무관심한 다수에 속할 것이다. 아파트 주민이 그렇게 구성된다면 일터에서 만나는 거의 모든 인간도 여기서 크게 벗어나지 않으며, 인간사의 불행과 갈등 또한 이 사실과 무관하지 않을 것이다. 사람들이 막연하게 믿거나 생각하는 것과 달리 무관심은 중립이 아니다. 착한 사람은 대개 온유하고 소극적인 반면에, 나쁜 사람은 거칠고 그악스럽다. 광신적이거나 극단적인 사람은 그렇지 않은 사람에 비해 열광과 열성을 갖고 있다. 여기에 오늘날의 신자유주의 자본주의 체제가 더욱 부정적인 영향을 미친다. 18세기 영국의 보수주의자 에드먼드 버크는 "선한 사람들의 무관심이 악을 키운다"고 했다. 20세기 말에 『경제적 공포』를 쓴 비비안 포레스테는 이렇게 말했다. "무관심은 잔인한 것이다. 아이러니하게도 그것은 매우 활동적이며 강력한 힘을 갖고 있다. 왜냐하면 무관심은 무엇보다도 추악한 권력의 남용과 탈선을 허용해주기 때문이다."

지난 5월 10일 서울 강북구 우이동의 한 아파트에서 경비원으로 일하던 최희석 씨가 스스로 목숨을 끊었다. 갑질 가해자를 제외하고 대부분의 아파트 입주민과 사이가 좋았다고 한다. "윗사람 말에 토를 달려거든 관둬라/의자에 앉아 있으려거든 관둬라/지하에 고인 물을 양동이로 다 퍼내기 싫거든 관둬라/민원이 생기면 무조건 경비원 책임이다. 바로 관둬야 한다/주민하고 언성을 높이려거든 관둬라/낙엽이 뒹굴게 놔두려거든 관둬라/지하실에서 쉬려거든 관둬라/근무시간에 휴대폰을 보려거든 관둬라/춥다고 지하실에서 전열기를 쓰려거든 관둬라/폐기물 버린 사람을 다 찾아내라. 못 찾아내면 경비원이 처리비를 부담해라. 그러기 싫으면 관둬라/분실된 택배물은 경비원이 물어내라. 그러기 싫으면 관둬라/관두려면 일찍 관둬라."『임계장 이야기』의 저자는 '관둬라', '관두려면 일찍 관둬라'라고 조언한다. 최희석 씨도 매일 매 순간 관두고 싶었을 것이다. 하지만 관두는 대신 스스로 목숨을 끊었다. 왜 그랬을까? 그는 임시 계약직 노인장(임계장)이었고, 고용 불안과 갑질에 시달리면서 견뎌야 하는 마지막 일자리에 처해 있었다. 최희석 씨는 우리 내면에 있는 처절한 요구, 먹고살려면 감지덕지 받아들이라는 사회의 시혜적 시선과 결별하라는 요구에 응답하여 목숨을 끊었던 것이 아닐까?

우리는 몸이 거하는 모든 곳, 그러니까 집과 배움터 그리고 일터에서 자유로운 주체가 되어야 한다. 그것이 인간의 본성이다. 오늘도 61세의 몸을 사위어가며 이를 시위하고 있는 노동자가 있다. 김용희 씨는 2019년 6월 10일부터 강남역 네거리 한복판 시시티브이(CCTV) 철탑에서 "삼성에 노조 만들다 인생 망쳤습니다"라는 슬로건을 내걸고 농성 중이다. 그가 왜 삼성에 노조를 만들다 인생을 망쳤다고 말하는지 동시대인들은 알아야 한다. 그것이 굴종의 삶이 아니라 자유인의 삶을 추구했던 한 노동자에 대한 예의다.

그는 1982년 삼성항공 창원공장에 입사한 직후 노조를 조직하기 시작하면서부터 탄압의 표적이 되었다. 괴한한테 칼침을 맞기도 하고 회사 간부들에게 납치되기도 했다. 상사한테 성폭행을 당한 20세 여성 노동자가 도움을 요청했는데 회사는 거꾸로 그를 성폭행범으로 몰아 해고했다. 이 여성은 공증진술서를 통해 그런 사실이 없다고 밝혔고, 그는 복직 소송을 제기했다. 결국 삼성은 러시아 건설 현장에 1년간 일하는 조건으로 그를 복직시켰다. 그러나 러시아에서도 삼성은 그를 가만두지 않았다. 직원들한테 결박당하고, 북한의 간첩이라고 한국대사관에 고발당했다. 1995년에 귀국하자 삼성은 노조 활동을 포기해야 복직시키겠다고 제안했고, 그는 이를 거부했다. 삼성에서 쫓겨난 뒤 농성과 단식 투쟁을 이어갔다. 삼성 간부들에 의해 명예훼손, 업무방해 등의 혐의로 고소당했고 두 번 체포되었다. 그사이 가정은 완전히 파탄 났다. 아버지는 행방불명됐고 어머니는 그가 구금되어 있는 동안 뇌졸중으로 쓰러졌다. 그는 말한다. 지상에서 할 수 있는 일은 모두 했다고. 키 180센티미터인 그가 지름 150센티미터밖에 되지 않는 철탑에서 지금까지 버티고 있는 이유다. 그는 또 말한다. 중간에 포기한 채 지상으로 내려간다면 더는 살아갈 수 없을 거라고.

"그동안 삼성의 노조 문제로 인해 상처를 입은 모든 분들에게 진심으로 사과드립니다."

5월 6일, 삼성의 이재용 부회장이 사과했다. 그러나 그의 사과는 삼성이 노동자를 어떤 시선으로 대하는지 다시금 알려주었을 뿐이다. 이 부회장에게 집무실에서 도보로 5분 거리도 되지 않는 철탑의 김용희 씨와 삼성전자서비스 노동자들을 비롯한 해고 노동자들은 투명 인간이었다. "더 이상 삼성에서 무노조 경영이라는 말이 나오지 않도록 하겠다", "노사 관계 법령을 철저히 준수하고 노동삼권을 확실히 보장하겠다"는 이 부회장의 말은 발언과 동시에 허공에 흩어졌다. 실상 이 부회장으로서는 김용희 씨와 해고 노동자들 그리고 반올림에 전향적인 모습을 보이는 것만이 자신의 사과에 진정성을 담을 유일한 길이었다. 삼성 창업자 이병철 회장은 1966년 사카린 밀수 사건으로 은퇴 선언을 했다가 1년 뒤에 복귀했다. 2008년에 이건희 회장은 사퇴와 함께 차명 계좌에 담긴 4조 5000억 원을 사회에 환원하고, 지배구조를 개선하겠다고 약속했지만 이 또한 공수표였다. 선대가 지키지 않은 약속을 반복할 수 없었던 이재용 부회장이 내놓은 것은 뜬금없게도 4세 경영 포기 선언이었다.

최희석 씨와 김용희 씨. 두 노동자는 한국의 배제된 노동이 굴종하지 않으려면 어떤 모습이어야 하는지, 어떤 모습일 수밖에 없는지 시대를 증언하고 있다.

2020. 5. 21.

---

2020년 5월 29일, 김용희 씨가 철탑 농성에 오른 지 355일 만에 땅에 내려왔다. 이렇게 모진 상황을 다시는 견디지 않아도 되기를 바라는 마음으로 썼다.

# 우리가 김용균이다

"그런데 이상했어요. '김용균법'이 만들어진 다음에 현장 태안 분소에 갔는데 용균이 동료들이 다 술 먹고 힘 빠져 있고 화가 나 있었어요. 왜 그러냐고 했더니 '용균이법' 안에 용균이가 안 들어 있다고, 그래서, 거기서 알았죠. 너무 엉망이 되었구나. 위험의 외주화 막겠다고 산업안전법 개정안을 통과시켰는데, 하위 법령인 시행령에서 다 완화시킨 걸 그때야 알게 됐어요."

월간 〈작은책〉과의 인터뷰(2019년 12월호)에서 고(故) 김용균 노동자의 어머니 김미숙(김용균재단 대표) 씨가 말했다. 하루 평균 다섯 명의 노동자가 산재로 사망하는 나라에서 김용균 씨처럼 비극적 서사가 세상에 알려지는 경우는 아주 드물다. 대부분은 통계 숫자에 묻힌다. 2018년 김용균 씨의 죽음이 보도됐을 때 수많은 동시대인이 함께 분노했고, 특별조사위원회가 구성됐다. 조사위원회는 사고의 근본 원인이 위험의 외주화, 즉 다단계 하도급에 있다고 밝히고, 정부에 제도 개선을 권고했다. 문재인 대통령은 조사위원회의 권고에 따라 제도를 개선하고 위험의 외주화를 금지하겠다고 약속했다. 국회에서 공방 끝에 '김용균법'이 통과됐다. 위험의 외주화 금지와 중대 재해 기업에 대한 엄중 처벌 조항을 온전히 담아내지 못한 허술한 법이었다. 하지만 문재인 정부는 시행령에서 이를 더욱 완화했다. 산재 사망자를 절반으로 줄이겠다는 문 대통령의 말을 문재인 정부가 행동으로 부정한 셈이었다.

공자는 "말은 항상 지나치고, 행동은 항상 미치지 못한다"면서 "군자는 말의 지나침을 부끄러워한다"고 했다. 오늘날 집권 세력은 행동이 말에 미치지 못하는 정도가 아니라 아예 말과 행동이 서로 상반된 모습을 보인다. 그들보다 더 자본 친화적이고 노동 배제적인 자유한국당이 오른쪽에 버티고 있으므로 '노동 존중' 등의 말과 이벤트로 그들과 차별성을 보이면 그만이라는 듯. 하지만 실제로는 별 차이가 없다.

문 대통령은 취임 3일째인 2017년 5월 12일 인천공항을 찾아 비정규직 노동자들 앞에서 "공공 부문 비정규직 제로 시대를 열겠다"고 선언했다. 노동자들은 대통령의 말에 눈물을 흘리며 기뻐했다. 2년 반이 지난 현재 노동자들은 "변한 게 없다"고 말한다. 박대성 인천공항지역지부장은 문 대통령에게 "청와대 감옥에 갇혀 살지 말고, 공항에 와서 비정규직 노동자들의 모습을 보라"고 요청했다(〈오마이뉴스〉). 문재인 정부는 법외노조 명령을 취소해달라는 전국교직원노동조합의 요구를 묵살하는 동시에, 더도 말고 덜도 말고 대법원 판결대로 해달라는 톨게이트 노동자들의 요구에도 응답하지 않고 있다.

'최저임금 1만 원 공약'도 희망 고문으로 끝나면서 '촛불 정권이니 다르겠지!'라는 기대는 깨졌다. 마르크스가 『루이 보나파르트의 브뤼메르 18일』(1848년 2월 혁명이 루이 보나파르트의 지배 체제로 왜곡돼갔던 과정을 서술한 책이다)에서 말했듯이, "한 계급에게서 빼앗지 않고는 다른 계급에게 줄 수 없"는 것이라면, 영세업자들을 수탈하는 재벌 기업한테서 최저임금 인상분을 충당하거나 임대업자에게 매긴 세금으로 자영업자들의 버거운 임차료를 보전해주었어야 했다. 그런데 그런 정책이 동반되지 않아서, 결과적으로는 이미 열악한 상태에 있는 자영업자들이 빼앗기게 되었다. 당연히 역풍이 불었고, 집권 세력은 기다렸다는 듯이 곧바로 뒷걸음쳤다.

광화문광장에서 촛불을 들었던 3년 전으로 잠시 돌아가 보자. 그때 우리는 3년 뒤의 문 정권을 기대했을까? 문 정권은 스스로를 촛불 정권이라 내세우면서 민생과 관련된 재벌정책, 조세정책, 부동산정책, 교육정책, 노동정책에서 지난 정권과 어떤 차이를 보여주었나? 서울의 아파트 값은 더욱 치솟았고, 교육정책은 정시를 40퍼센트로 정하는 또 한 차례의 시소게임으로 끝나버렸다. 자유한국당뿐만 아니라 현 집권 세력에게도 "왜 집권했느냐?"고 묻고 싶을 만큼, 집권 의욕만 보일 뿐, 정치철학이나 정책지향을 찾기 어렵다. 내 불온한 시선 탓인지, 이른바 문 대통령의 '복심', '측근', '실세'라 불리는 사람들이 모두 '민주 건달'로 보인다. 과거에 잠깐 민주화운동에 참여했다는 것만으로, 도덕적 우월감이라는 완장을 차고 있는 그들. 하지만 사실은 그런 도덕적 우월감이 더 위험하다.

국회는 여전히 여야 대치 상황을 연출하고 있지만, '삼성보호법'에서 보듯이 재벌을 위해서는 한통속이다. 무엇보다 의원들 자신이 '20대 80으로 양극화된 사회'에서 '20'에 속해 있기 때문일 것이다. 행정부의 고위 관료들도 모두 '20'에 속한다. '80'을 위한 민생정책을 추진하려면 자유한국당의 반대는 물론, 행정의 벽까지 돌파해야 한다. 현재의 집권 세력 가운데 누구에게서 그런 의지를 찾을 수 있을까?

지난 정권하에서 테러방지법에 반대하여 필리버스터를 진행했던 현재의 집권 여당은 테러방지법 폐기안을 제출했어야 마땅했다. 지금 필리버스터로 국회를 마비시키고 있는 자유한국당을 두둔하려는 게 아니다. 정책정당의 일관성이 없다는 점을 지적하려는 것이다. 또한 우리가 테러보다는 전쟁과 폭정을 두려워해야 하듯이, '80'에 속한 사람이라면 "우리가 조국이다!"가 아닌 "우리가 김용균이다!"를 외쳐야 한다고 말하려는 것이다. 국제정세 속에서 한반도의 위상은 미국이나 유럽보다는 시리아에 가깝다. 하지만 구미 주류 미디어에 의해 의식 세계를 점령당한 우리는 시리아보다는 미국이나 유럽을 가깝게 느낀다. 마찬가지로 '20'에 속한 정치인, 연예인, 전문가가 등장하는 미디어의

홍수 속에서 '80'의 의식 세계는 온통 '20'의 것들로 채워져서 그들에게 친근감을 느낀다. 공감과 감정이입을 통한 연대는 진보의 중요한 가치다. 하지만 우리는 '20'의 욕망과 가치관을 가진 데다가 '80'은 눈에 들어오지도 않는다. 당연히 '80'에 관심을 가질 수 없고, 감정이입도 되지 않으니 연대도 불가능하다.

"서초동 집회가 부럽더라. 왜 노동자들이 죽는 문제로는 이렇게 많은 사람이 촛불을 들고 나오지 못할까. 우리도 어떻게 하면 저렇게 할 수 있을까 싶었다. 어쩌면 더 심각한 문제이지 않나. 한 해에 몇천 명의 노동자들이 일하다가 죽는 거니까. 그리고 그게 매년 반복되니까. 만일 노동자가 죽는 일로 그만큼 사람들이 모이면 분명 사회가 달라질 것 같은데 말이다."(《오마이뉴스》)

권두섭 민주노총 법률원 대표변호사의 안타까운 술회가 내 가슴을 적신다. 산재 사망자가 단 한 사람이라도 줄어들도록 단 한 사람이라도 더 "우리가 김용균이다!"라고 외칠 수 있기 바란다.

2019. 12. 6.

---

"눈에 보이지 않으면 곧 잊힌다(Out of sight, out of mind)." 미디어는 우리가 알아야 할 것을 알려주고 우리가 봐야 할 것을 보여주고 있을까? 우리의 의식 세계를 지배하는 대중매체와 관련하여 곱씹어야 할 격언이다.

# 오만함의 층위

"사랑을 하자! 연장 근로 말고!" 지난 3월 9일 노동법 개정안에 반대하여 프랑스 전역에서 고등학생, 대학생, 노동자 등 40여만 명이 벌인 시위에 등장한 구호다. 그들의 젊음과 발랄함에 대비되는 '헬조선'의 암울함 때문이었을까, 아니면 '삼성'이라는 두 글자 때문이었을까. 〈르몽드〉지 기사를 읽는 순간 한국 언론에 단신으로 소개된 기사가 떠올랐다. 삼성의 두 협력업체가 에틸알코올 대신 값싼 메틸알코올을 사용하면서 파견노동자 네 명이 실명 위기에 처했다는 내용이었다. 이후 그들이 실명 위기에서 벗어났는지, 또 비슷한 공정을 한다는 3000여 개 업체와 원청회사에는 어떤 조치가 내려졌는지 후속 기사는 나오지 않았다.

하긴 '경제협력개발기구(OECD) 회원국 중 산업재해 사망률 1위'라는 오명을 쓰고 있는 한국에서 노동자 몇 명의 실명 위기가 무슨 대수겠는가. 세월호 참사가 일어나고 700일이 훌쩍 지났지만 여전히 변함없는 사실이 있다. 동시대인이 고통과 불행 속에서 죽음의 심연으로 가라앉을 때 아직 공감 능력을 잃지 않은 일부 사회 구성원은 안타까운 시선과 함께 외마디 소리를 지르지만 국가는 아무런 근본적인 해결책을 내놓지 않는다는 것. 그리고 노동자와 서민은 그런 불행이 나와 내 가족에게 닥치지 않기만을 바라며, 하루하루를 지탱해야 한다는 것.

세월호 참사 이전과 이후는 달라져야 한다는 말에는 국민의 생명과 안전을 최우선으로 하는 정상적인 국가를 다시 세워야 한다는 절박함이 담겨 있었다. 과거 우리는 사회계약을 통해, "만인에 대한 만인의 투쟁"이 벌어지는 토머스 홉스의 자연 상태에서 벗어나, 국민 모두의 생명과 안전이 보장받는 근대국가를 탄생시켰다. 이제 우리의 과제는 근대국가의 기본 소명을 다시 세우는 것이다.

그러나 참사 2년이 지난 지금, 우리는 무엇과 대면하고 있는가? 국민의 생명과 안전을 최우선으로 하는, 쇄신된 국가 대신, 사회 전체에 만연한 것은 분노의 감정조차 거세된 좌절과 절망 그리고 무관심이다. 그 표상이 바로 '헬조선'이다. 이렇게 단념과 좌절 그리고 포기가 우리 사회를 지배하게 된 배경은 무엇일까. 오래전부터 국가기관을 돈과 인맥으로 관리하고 무소불위의 권력을 휘두르면서도 아무런 책임을 지지 않았던 삼성이 적잖은 영향을 미쳤을 것이다. 그리고 이런 판단을 하는 것이 나만은 아닐 것이다. 삼성반도체의 직업병 문제는 삼성이 국민과 노동자를 어떻게 바라보는가를 알려주는 가늠자라고 할 수 있다.

이 문제가 그들에게 아킬레스건이 되는 것도 그들이 "또 하나의 가족"이라고 부르는 노동자들이 실제로 어떤 대접을 받는지, 그 실상을 드러내기 때문이다.

국가권력이든 자본권력이든 힘과 돈으로만 지배할 수는 없다. 피지배층에게서 자발적 동의를 이끌어내고 싶다면 적어도 국민과 노동자의 생명과 안전을 해친 잘못을 인정하고 사과하는 것은 물론, 피해자에게 응분의 보상과 배상을 하고, 재발 방지를 위한 조치를 취해야 마땅하다. 그럼에도 삼성은 국가권력보다 더한 오만함을 과시하면서 진정한 사과와 정당한 보상을 요구하는 '반도체 노동자의 건강과 인권 지킴이, 반올림'을 고립시키려고 한다. 최근 한 토론회에서 외신 기자가 "왜 삼성에서만 문제가 되느냐"고 묻자 "문화적 배경 때문"이라는 답변이 돌아왔다. 이 답변에서도 자신의 잘못은 조금도 인정하지 않겠다는 그들의 오만함이 오롯이 드러난다. 반올림 쪽의 주장을 차치하더라도 한국의 법원과 근로복지공단이 공식적으로 인정한 직업병 피해자만 열 명이다(삼성의 끈질긴 방해 공작 속에서 이 결과를 얻기 위해 피해자와 그 가족을 비롯하여 반올림과 시민사회가 얼마나 지난한 싸움을 벌여야 했던가!). 하지만 이런 사실조차 가뭇없이 무시하고는, 잘나가는 기업인 삼성이 한국의 '문화적 배경' 탓에 억울하게 공격을 당하고 있다고 주장했던 것이다.

사실 '문화적 배경'을 지적받아야 하는 쪽은 한국 사회가 아니라 한국 사회와 한국 사회 구성원, 특히 노동자를 일회용품처럼 바라보는 삼성이다. 욕망을 매개로 사회 구성원의 비판력과 정의감을 휘발시켜버린 '문화적 배경'이 바로 삼성을 그렇게까지 오만하게 만든 요인 중 하나이기 때문이다. "산재 소송 중인 법원에는 모든 정보를 제공하고 있다. 영업 비밀이라고 해서 제공하지 않을 수 없다"고 가증스러운 거짓말을 마다하지 않은 것은 외신 기자들이 모인 그 자리만 모면하면 된다고 판단했기 때문일 것이다. 국내 언론과 국민을 우습게 보지 않는다면 어떻게 그런 뻔뻔한 거짓말을 할 수 있겠는가. 애당초 반올림 측에 대화를 먼저 제안한 것도, 또 반올림의 반대를 무릅쓰고 조정위원회 도입을 밀어붙인 것도 삼성이었다. 그러고는 정작 조정위원회의 권고안을 무시하고 반올림과는 어떤 논의도 없이 일방적으로 사과와 보상을 강행한 일련의 과정 역시 삼성의 오만방자함을 빼놓으면 설명할 길이 없다. 삼성은 피해자에게 "진심으로 사과드린다"고 말하면서도 책임 주체를 분명히 밝히지 않은 점, 책임 당사자인 삼성이 보상액을 일방적으로 정하고는 피해자에게 아무런 근거도 남기지 못하게 했던 점 등 사과와 보상이라는 말에 전혀 어울리지 않는 행태를 계속해오고 있다.

하지만 삼성이 아무리 국내 언론을 동원하여 반올림을 고립시키고 삼성반도체 직업병 문제가 모두 해결되었다고 주장해봐야 소용없다. 모든 사람을 한순간 속이거나 다수를 계속 속일 수는 있을지언정, 모든 사람을 끝까지 속일 수는 없는 법이다. 삼성전자 본사가 있는 서울 서초동 강남역 8번 출구 앞에서 오늘도 반도체 산업의 직업병 문제 해결을 위한 '이어 말하기' 농성이 계속되고 있다. 그 누구도 그 자리에 함께하는 황상기 씨와 김시녀 씨가 유령이라고 주장할 수는 없을 것이다.

오만함도 층위가 있다. 조금이라도 겸연쩍어할 줄 아는 오만함이 있는가 하면, 오랫동안 내면의 절제나 외부의 견제가 작동하지 않아 공격성까지 띠는, 뻔뻔한 오만함도 있다. 가령 세월호 참사 초기에 '악어의 눈물'이라도 흘렸던 박근혜 대통령도 두 차례의 선거 이후에 언제 그랬느냐는 모습으로 바뀌지 않았던가. 견제받지 않는 권력은 독재로 치닫는다. 그렇다면 삼성 엑스파일 사건과 불법·탈법적 유산 상속을 비롯하여 온갖 작태가 『삼성을 생각한다』에서 드러났음에도 어떤 대가도 치르지 않았던 삼성의 오만함은 어느 층위에 있을까? 외롭고 어려운 싸움을 벌이는 반올림에 우리가 연대해야 하는 이유는 자명하다.

신문은 사회의 거울이라고 했던가. 매일 〈한겨레〉와 〈르몽드〉를 읽으면서, 이 땅의 젊은이들이 처한 현실에 대해 기성세대의 한 사람으로서 부끄러움과 함께 분노와 슬픔을 느낀다. 한 나라에서는 청춘들이 거리로 나와 "일보다는 사랑을 하자"고 외치는 반면, 다른 한 나라에서는 수학여행을 가다가 한꺼번에 수장되고 일하다가 직업병으로 죽어도 책임져야 할 사람들이 오히려 큰소리를 친다. 적반하장도 유분수라 했거늘…. 청춘들이 거리에 쏟아져 나오지 않기 때문인가.

2016. 3. 17.

# 계속 떠들 것이다

"그러면 60만이 넘는 민주노총 조합원들은 삼성 제품을 보이콧하지 않나요?"

프랑스 쉬드(S.U.D., 연대·단결·민주) 노조에서 일하는 여성 활동가가 대뜸 물었다. 파리를 방문한 민주노총 활동가가 "역대 정권의 반노동정책과 제1 기업인 삼성의 탈법적 '무노조 원칙' 관철 등의 어려운 노동 환경 속에서도 60여만 조합원이 민주노총의 깃발 아래 모였다"는 말을 하고 나서였다. 자랑스러운 듯이 자못 호기롭게 말했던 민주노총 활동가는 그녀의 조건반사적인 질문에 아무 대꾸도 하지 못했다. 그 자리에 동석했던 나도 묵묵부답이긴 마찬가지였다. 잠시 열패감 같은 게 무겁게 지나갔던가.

귀국 후에 바로 진보정당 당원이 되고, 〈한겨레〉에 근무하는 동안에는 〈한겨레〉 노동조합원으로 남아 있었다. 그리고 지금까지 단 한 번도 삼성 제품과 인연을 맺지 않았다. 그때 "민주노총 조합원들은 삼성 제품을 보이콧하지 않나요?"라고 묻던 그녀의 모습이 뇌리를 떠난 적이 없었기 때문이다. 무려 15년이 지난 지금까지도 말이다. 삼성에 민주노조가 설립되기 전까지는 삼성과 인연을 맺지 않겠다는 결심이 한국의 노동자 사이에선 유별난 일로 비칠지도 모르겠다. 하지만 유럽 노동자에게는 오히려 당연한 반응에 가깝다. 이를테면, 나의 '삼성 보이콧'은 내 의지의 소산이라기보다는 20여 년의 유럽 생활에서 얻은 직관의 결과물이라고 할 수 있다.

노동자를 무시하고 노동조합을 부정하는 재벌 기업을 용인한다는 것은 노동조합원에겐 자신을 부정하는 행위다. 자본주의 사회에서 부모에게 물려받은 자본 없이 품을 팔아 생존해야 하는 노동자라도 영혼을 가진 존재로서 자존감이 조금이라도 있다면, "눈에 흙이 들어가지 않는 한" 받아들일 수 없는 일 아닌가. 이 간단한 이치가 한국에서는 왜 유별난 일이 되는 걸까? 내 경험상 삼성 없이 살아도 별로 불편하지는 않다. 그뿐인가. 백혈병이나 희귀병으로 젊은 나이에 스러진 노동자를 '나 몰라라' 하는 삼성이다. 어느 날, 황상기 씨가 "삼성에 노조가 있었다면 내 딸 유미는 죽지 않았을 겁니다"라고 말했을 때 나는 속으로 울었다. 내가 어떻게 민주노조 없는 삼성을 가까이할 수 있겠는가.

어쩌면 이것 또한 사회 구성원의 직관에 영향을 미쳤을지 모르겠다. 워낙 권위주의 독재가 오랫동안 지속된 탓도 있겠지만, 노동을 배제하고도 또는 노동과 분리되고도 민주주의를 성숙시킬 수 있다는 생각이 유포된 것 말이다. 하지만 우리가 자본주의사회에 살고 있다는 점을 조금만 되돌아봐도 그것이 가당치 않다는 점은 금세 알 수 있다. 그럼에도 민주개혁 세력조차 시장권력에 간택되어야 정치권력을 장악할 수 있음을 간파했기 때문일까? 가령 노무현 대통령의 오른팔(?)이라는 인물이 삼성 총수와 독대하는 광영을 누렸다는 얘기에 가소로워하기보다는 자본권력 밑에서 국가 경영의 자격이 있는지를 면접받은 것처럼 부러워한다. 이것이 이른바 민주개혁 세력의 대체적인 품새다. 비정규직 '보호'라고 강변하면서 비정규직 관련법을 통과시켰지만, 결국에는 그것이 비정규직 '양산'으로 귀결되었다. 하지만 어디서도 반성의 목소리는 들리지 않는다. 오히려 당시 노동부 장관은 이제 박근혜 정권의 노사정위원장이 되어 '노동개혁'이라고 불리는 노동재앙을 불러들이는 데만 앞장서고 있다.

민주개혁 세력이 물꼬를 터주었으니 수구 세력한테 거칠 게 있을까. 바야흐로 21세기 한국 땅에 '사용자 마음대로'의 19세기식 노동 세계가 펼쳐질 판이다. 이제는 정리 해고를 넘어 일반 해고까지 가능하고, 비정규직은 2년에서 4년까지 계약 기간을 연장한다. 여기에 임금 삭감(피크제)도 허용하고, 단체협약을 무력화하여 민주노조를 파괴할 수도 있는, 그야말로 사용자에겐 지상천국이 따로 없고 노동자에겐 '헬조선'이 따로 없다.

엄중한 시기…. 그러나 솔직히 말해야 할 것이다. 자본권력은 그리고 정치권력은 민주노총의 '총파업 투쟁'이라는 말을 종이호랑이의 하품 소리처럼 흘려듣게 된 지 오래다. 지배 세력의 뜻이 막힘없이 관철되면서 마침내 '사용자 마음대로'의 오늘에 이른 것이다. 여기에 민주노총 조합원의 다수를 차지하는 대기업 정규직들이 기득권층에 편입되면서 변혁적 노동운동의 동력까지 상실하게 되었다. 이런 상황에서 '삼성 보이콧'은 노동에 대한 부정을 부정하는 실천으로서 기능할 것이다. 하지만 우리는 이 어렵지도 불편하지도 않은 공동 행동조차 효과적으로 펼치지 못하고 있다. 어떻게 해야 1998년 이래 지속된 수세적 국면을 반전시킬 수 있을까. 누군가 영화(《주유소 습격 사건》) 대사를 전략으로 내놓았다. "한 놈만 패자"고. 그 옆에서 누군가가 덧붙였다. "아픈 데를 때리자"고. 그러나 시민사회 구석구석에 촉수가 닿아 있는 것인지 삼성 보이콧은 진보정당에서도 민주노총에서도 별다른 반향을 얻지 못했다. 국가기관을 농단한 삼성 엑스파일 사건이 터졌을 때에도 『삼성을 생각한다』가 베스트셀러가 되었을 때에도 마찬가지였다.

마침내 작년 5월 삼성은 권오현 삼성전자 부회장의 입을 통해 처음으로 공식 사과했다. "백혈병 등 난치병에 걸려 투병하거나 사망한 직원들과 가족의 아픔과 어려움에 대해 소홀한 부분이 있었다"는 것이다. 황상기 씨를 비롯한 피해 유가족들과 반올림 활동가들의 지난하고 오랜 투쟁의 결과였다. 시민사회가 그들에게 빚진 것이다. 반올림, 가족대책위, 삼성의 3자 동의 아래 조정위원회가 발족되면서 문제 해결의 가능성이 엿보이기도 했다. 김지형 전 대법관, 정강자 인하대 법학전문대학원 초빙교수, 백도명 서울대 보건대학원 교수로 구성된 조정위원회는 2014년 12월부터 다섯 차례의 조정 기일을 가졌고, 2015년 7월 23일 권고안을 내놓았다. 그 내용은 삼성전자가 1000억 원, 한국반도체산업협회가 '적정 액수'를 기부해 공익 법인을 설립할 것, 공익 법인이 환경·안전·보건·관리 분야 등의 전문가 3인을 옴부즈맨으로 임명하고 삼성전자 사업장을 점검해 개선 방안을 권고할 것, 삼성전자 대표이사가 공개 사과할 것 등이었다. 한국노동안전보건연구소의 최민 활동가가 '4·16 인권선언' 제정위원회의 토론 자료에서 피해자의 권리로 언급했던 1) 진실에 대한 권리, 2) 정의 실현에 대한 권리, 3) 배상에 대한 권리, 4) 재발 방지와 제도 개혁에 대한 권리는 전혀 담기지 않았다.

그러나 삼성은 역시 삼성이었다. 그들의 사과는 영화 〈또 하나의 약속〉이 상영되고 국내외 여론이 더욱 나빠지자 그 화살을 피하고 반올림을 고립시키기 위한 첫 과정이었다. 삼성은 기어이 조정위의 권고를 무시하고 독자적인 보상위원회를 통해 개별 보상에 들어갔다. 한마디로, 삼성 '마음대로' 하겠다는 것이었다. 이것은 삼성 앞에 감히 고개를 들고 권리를 주장하면 고립시키고 배제하겠다는 의지의 관철이기도 했다. 여기에 허접한 신문과 방송이 동원되고 있는 것은 물론이다. '기레기'들은 아예 삼성 홍보실에 바칠 기사를 쓰기로 작정하고, 막장 춤을 추고 있다. 반올림은 10월 7일부터 서울 서초동 삼성전자 홍보관 앞에서 노숙 농성에 들어갔다.

　하 수상한 시절, 갈수록 희귀종이 되어가는 사람을 만나고 싶은가. 그러면 지하철 2호선 강남역 8번 출구로 가라. 거기에 〈또 하나의 약속〉에서 화면 가득히 다가왔던 늠름한 황상기 씨가 있고, 반올림이 있다. 나로 말할 것 같으면, 계속 떠들어댈 것이다. "한 놈만 패자!", "아픈 데를 때리자!"고.

2015. 10. 22.

---

결국 황상기 씨와 반올림은 승리했으나 반쪽 승리였다.

# '굴뚝 농부'가 된 노동자

그의 이름은 차광호. 경북 구미의 스타케미칼 해고자 복직 투쟁위원회 대표인 그가 45미터 높이의 굴뚝에 오른 지도 오늘로 403일째다. 1년 이상 하늘살이 중인 그는 겨울의 매서운 추위보다 태풍이 더 두렵다고 말한다. 이제 태풍의 계절이 다시 다가오지만, 그가 땅에 내려올 때는 아직 오지 않은 듯하다. "땅에서 할 수 있는 일이 없어 하늘에 올랐는데, 바뀐 것 없이 내려가면 땅조차 감당할 수 없을 것 같다"는 그의 말대로 말이다.

저 굴뚝 위에서 양팔을 활짝 벌려 보이는 차광호의 상반신은 21세기 초의 한국 사회를 오롯이 보여주는 단면 중 하나다. '슬픈' 단면이라고 말하려니 겸연쩍어져서 그만큼 더 슬퍼지는 단면이다. 이 땅의 고공 농성은 1931년 지붕 위에 올라간 평양의 고무공장 노동자 강주룡이 시초라고 한다. 1997년 경제위기의 칼날이 할퀴고 지나간 뒤, 2000년대에 들어서면서 하늘이 본격적으로 노동자의 삶터가 되었다. 경제위기라고 했지만 타격·조정된 곳은 경제계가 아니라 노동계였다. 땅에서 쫓겨나기 시작한 노동자들은 도심의 폐회로(CC) 카메라탑, 한강다리 고공 난간, 타워크레인, 건물 옥상 망루, 교통 관제탑과 철탑, 광고탑과 공장 굴뚝에 이르기까지 올라갈 수 있는 곳이면 어디에든 둥지를 틀었다.

김대중·노무현 정부를 지나 이명박·박근혜 정부에 이르기까지 시간이 갈수록 고공의 상황은 가혹해졌다. 이미 '권력은 시장에 넘어가' 자본의 위력 앞에서 정치는 실종되었고 사회는 욕망의 포로가 되어, 이웃에 대한 상상력을 잃어갔다.

우리는 익숙함을 경계해야 한다. 나쁜 것에 익숙해지면 더 나쁜 것을 별 저항 없이 받아들이게 된다. 고공 농성 기간이 김진숙의 기록인 309일을 훌쩍 지나 400일을 넘기고 있지만, 대부분의 사람들은 데면데면하다. 하기야 세월호 사건에 대해 듣는 것조차 피곤해하는 사람이 적지 않은 마당에 더 이상 무슨 말을 하겠는가.

지난여름 동료들이 올려준 화분에 콩과 함께 '친구들'도 심었다는 차광호. 그는 콩을 볼 때마다 동료들을 떠올린다면서 "살아 있는 생명을 내 손으로 가꿀 때 나도 삶의 의지를 포기할 수 없었다"고 말한다. 삶의 의지! 그의 곁에 존재하는 생명이라고는 콩과 '친구들'뿐이니 그가 '굴뚝 농부'가 된 것은 오히려 당연하다. 차광호가 동료들을 떠올리면서 생명을 가꾸는 것은 '인간에 대한 예의'가 없는 사회를 향해 '생명에 대한 예의'로 응답하는 것이다. 동시대를 살아가는 사람으로서 이런 말을 하는 것은 그가 기필코 살아서 땅으로 내려와야 한다는 것, 그리고 다른 차광호들도 살아서 싸우며 함께 어우러져야 한다는 것을 안간힘처럼 전하고 싶기 때문이다.

차광호와 전혀 다른 차원에서 오늘날 한국 사회의 단면을 보여주는 예가 있다. 바로 메르스 사태와 관련하여 방역 체계상의 잘못을 인정하고 국민에게 사과한 삼성 이재용 부회장이다. 다른 땅에서 오래 살았던 탓일까. 고개 숙인 이재용의 모습이 내 눈에는 희한하게 다가왔다. 재벌 부회장이 국가적 재난에 대한 책임을 지고 국민 앞에서 사과를 한다? 대통령이 아니고? 백혈병 등으로 생명을 잃은 삼성전자 노동자와 그 가족이 아니라 국민에게 사과를 한다? 그가 병원의 최고책임자라는 점도 희한한 일이었지만, 일개 병원에 지나지 않는 삼성병원이 국가적 병난에 책임진다는 것도 희한하긴 마찬가지였다. 그는 국민에게 사과함으로써 우리에게 국가의 부재를 선언하는 동시에 이 시대가 자본독재의 시대임을 재확인시켰다.

삼성병원이 웅변하듯, 공공성을 찾기 어려운 국가이자 '기업하기 좋은 나라'인 대한민국에서 차광호는 이재용과 함께 자본독재 시대의 양극단을 대변한다. 이렇게 반생명의 자본독재 체제가 강화된 것은 무슨 이유에서일까? 후보 시절에는 복지와 경제민주화를 약속했다가 당선 이후에는 암 덩어리인 규제를 철폐해야 한다는 일념만이 남은 대통령의 '배신의 정치'가 보여주듯이, 국가는 공공성을 보장·강화하는 대신 자본에 종속되어 가고, 언론과 지식인도 자본이 던져주는 떡고물에 포섭된 것도 무관하지 않을 것이다.

그러나 자본독재 체제의 강화를 오로지 국가의 책임 방기나 배신의 정치만으로 설명할 수는 없다. 노동이 분화되면서 자본에 포섭당한 노동도 등장했기 때문이다. 지난 시절 복수노조가 허용되지 않았을 때는 어용노조 때문에 민주노조를 건설하기 어려웠다면, 복수노조가 허용된 뒤에는 거꾸로 민주노조를 무너뜨리기 위해 복수노조 제도가 악용되고 있다. 유성기업에서는 낮은 기본 고정급 탓에 잔업을 해야만 생활급을 보장받는 노동자의 현실이 회유 공작의 타깃이 되었다면, 갑을오토텍에서는 경찰과 특전사 출신을 무더기로 고용한 노골적인 탄압이 자행되었다.

이보다 심각한 것은 민주적인 노조가 점차 욕망의 포로로 변질되었다는 점이다. 사내하청이 불법 파견이므로 정규직화해야 한다는 법원 판결이 나왔음에도 현대와 기아자동차 노조는 사내하청 노동자들을 정규직으로 전환하는 일에 앞장서는 대신, 일부 노동자만을 단계적으로 고용하겠다는 사측의 편법에 부화뇌동하고 있다. 그야말로 조합원들의 소비와 소유 욕망에 밀려서 연대 정신을 팔아버린 결과가 아닐까 싶다. 법이란 "강자의 권리에 지나지 않는다"는 말처럼 하청 노동자들을 위한 법의 판결마저 외면하는 노동조합이라니! 노동이 노동을 무시하면서 자본의 횡포에 관해 무슨 말을 할 수 있을까.

우리에게는 내 부모처럼 나도 노동자이고, 따라서 내 자식도 노동자가 되리라는 계급의식을 가진 노동자 주력부대가 형성되어 있지 않다. 반면 유럽은 1848년 2월 혁명으로 앙시앵레짐이 무너지고 특권계급이었던 귀족이 역사의 뒤안길로 사라지면서 유산자계급과 무산자계급이 확연히 분리되어 지금까지 이어져왔다.

노동자는 많지만 노동자 의식은 드문 곳에서 부당하고 억울한 일에 맞서 싸우지 않으면, 노동자로서의 자기 정체성을 인식하기 어렵고, 연대 의식의 토대 또한 탄탄해지기 힘들다. 이를테면, 차광호는 오늘 우리 노동자들이 어디에 있는지 온몸으로 보여주면서 우리가 가야 할 길을 묵시적으로 가리키고 있다. 이곳에 사람 사는 세상의 여지가 조금이라도 남아 있다면, 이 땅의 정치와 사회는, 언론과 지식인은 차광호가 땅으로 내려오도록 작은 손짓이라도 해야 하지 않을까.

스타케미칼은 2007년에 파산한 한국합섬을 인수해 2011년에 공장을 재가동했다. 하지만 1년 8개월 만인 2013년 적자와 경기침체를 이유로 철수하면서 권고사직을 거부한 29명을 해고했다. 현재 11명의 해고자는 한국합섬 시절부터 '청춘을 바친 공장'의 재가동과 함께 고용 승계와 노조 인정을 요구하고 있지만, 사측은 '제3의 법인 설립을 통한 고용' 안을 내놓았다. 해고자들은 자본이 '먹튀'할 것을 우려하여, '새 법인 해산 시의 고용 보장'을 요구했지만 사 측은 이를 거부했다. 내가 잘못 판단하는 것일까, 그리 어려울 것 같지 않다. 우리가 관심의 시선을 거두지 않는다면, '굴뚝 농부'가 다시 노동자로 이 땅을 밟는 일이.

2015. 7. 2.

차광호 씨는 마침내 다시 땅을 밟았다.

2부

─────── 한 사람이라도 자유롭지 못하다면

# 나는 앨라이다

"광신자들이 열성을 부리는 것도 수치스러운 일이지만, 지혜로운 사람들이 열성을 보이지 않는 것 또한 수치스러운 일이다. 신중해야 하지만 소극적이어선 안 된다."

볼테르는 광신자가 아니라 지혜로운 사람들에게 이 말을 던졌다. 애당초 광신자들에게서는 수치심을 기대할 수 없고, 수치심을 느낄 줄 모른다면 지혜로운 사람은 아니기 때문이다. 이 글은 "개인적으로나 정치적으로나 동성애를 반대한다"고 공언하는 황교안 자유한국당 대표가 아니라 정의와 공정의 '촛불 정권'을 자임한 집권 세력을 향한 것이다.

19세기가 노예 해방의 세기, 20세기가 보통선거권과 여성 참정권의 세기였다면, 21세기는 성소수자들의 해방과 함께 시작되었다고 볼 수 있다. 이런 역사의 관점에서 본다면, 성소수자에 대한 문재인 정부와 여당의 태도는 신중하기는커녕 소극적이지도 않고, 차라리 '비겁하다'는 표현이 가장 잘 어울린다. 금태섭 의원(더불어민주당)은 "민주당은 진보적 가치를 표방하고 소수자 보호를 중시하는 정당이다. 우리 당이 적극 나서야 한다고 생각한다"고 말했다. 하지만 그가 '동성애 반대', '차별금지법 반대'를 밝혔던 박영선 중소벤처기업부 장관이나 김진표 전 경제부총리 등을 설득하기 위한 토론회를 열었다는 소식은 아직 듣지 못했다. 국회에서는 각종 토론회가 많이도 열리는데 말이다. 차별금지법은 2007년 이래 국회에서 표류하고 있다.

내가 '적극적인 앨라이(Ally, 성소수자들LGBTQ이 겪는 차별에 반대하고 평등 사회를 위해 연대하는 사람)'가 된 데에는 몇 가지 이유가 있다. 우선 이 땅에 만연한 무지와 편견, 차별과 배제에 시달리는 성소수자에게 동시대인으로서 미안함이 앞서기 때문이다. 또한 '한 사람이라도 자유롭지 못한 사회는 자유로운 사회가 아니'라고 믿기 때문이다. 마지막으로 "선한 사람의 무관심이 악을 키운다"는 18세기 영국의 보수주의 정치가 에드먼드 버크의 말을 내 가슴에 새기고 있기 때문이다.

무릇 잘못된 언행을 비난할 수는 있지만, 존재 자체를 비난할 수는 없는 법이다. 하지만 이웃 사랑을 실천해야 마땅한 기독교인을 비롯하여, 인간의 사랑을 '음란'으로 덧칠하면서 손가락질하는 사람이 적지 않다. 그야말로 적반하장이다. 게다가 방관하거나 침묵하는 정치인들의 얼굴에서는 '위선의 민낯'이 엿보인다. 지난 5월 17일 대만 입법원이 아시아 최초로 동성결혼을 허용하는 특별법안을 통과시켰다는 소식이 들려왔다. 그들의 사회와 정치에 대한 부러움이 앞섰다. "비가 내리는 가운데 타이베이 입법원 앞을 지키고 있던 동성결혼을 지지하는 시민들과 인권운동가들은 법안 통과 소식이 전해지자 환호성을 지르며 서로 끌어안고 눈시울을 붉혔다"는 보도를 읽을 때는 그 광경이 선명하게 다가오면서 나도 모르게 가슴이 복받쳐왔다. 법안 통과 직후 차이잉원 대만 총통은 트위터에 이렇게 썼다. "2019년 5월 17일 대만에서 사랑이 이겼다. 진정한 평등을 위한 큰 걸음을 내디뎠고 대만을 좀 더 좋은 나라로 만들었다." 법안이 발효된 5월 24일에 대만 전역에서 혼인신고를 한 동성 커플은 총 526쌍이고, 그중 여성 커플은 341쌍, 남성 커플은 185쌍이었다고 한다. 이 땅에는 언제 그런 날이 올 수 있을까?

그러나 분명한 것은 성소수자의 해방을, 유럽과 미국에서 시작된 동성결혼권의 흐름을 막을 수 없다는 점이다. 성소수자에 대한 차별적 시각과 태도는 인종차별, 여성차별과 함께 세계 시민의 결격 사유가 되고 있다. 이런 국제적 추세를 반영하듯, 이번 스무 번째 퀴어 축제에는 각국 대사들의 지지 표명이 이어졌다. 우선 주한 미국 대사는 "미국은 성소수자에 대한 모든 종류의 폭력을 단호하게 반대한다"고 강조했다. 이어 영국·미국·오스트레일리아·캐나다·뉴질랜드·유럽연합(EU)의 6개국 대사는 공동 입장 성명에서 "다양한 사회가 강한 사회다", "모든 사람은 그가 누구이며 어디에서 왔든 누구를 사랑하든 간에 공정한 기회를 제공받아야 한다"고 밝혔다. 동양문화권인 대만이 이 흐름에 동참하면서 앞으로는 문화상대주의를 내세우며, 성소수자 차별을 합리화하는 주장도 조용해질 수밖에 없을 것이다. 그렇다면 힘겹고 오랜 민주화 과정을 거쳐서 촛불로 이룬 정권 아래 있음에도 우리가 가야 할 길이 멀게만 느껴지는 것은 왜일까?

이 땅에서는 오랫동안 공포 마케팅이 관철되었다. 정치사상가 레지스 드브레는 "정치는 공포와 희망의 두 요소로 구성된다"고 말했다. 희망이 보이지 않을 때 정치의 공포 마케팅이 더욱 강화된다. 유럽의 극우 정치 세력은 난민, 이민자, 무슬림 등 외부자에 대한 공포 마케팅으로 정치적 영향력을 키운다. 한편 북한에 대한 공포 마케팅을 전가의 보도처럼 활용해온 한국의 극우 세력은 공포의 대상을 이민자, 난민 등 외부자로 확장하여 혐오감정을 불러일으키고, 이질적 내부자인 성소수자로 확장하여 "피땀 흘려 세운 나라, 동성애로 무너진다"는 공포의 구호를 낳는다. 이런 모습은 개신교의 확장성에 희망이 보이지 않는다는 점을 반영하는 것이기도 하다. 마찬가지로 자유한국당이 경제 문제까지 공포 마케팅의 근거로 삼는 것도 그들의 확장성에 희망이 보이지 않는다는 점을 반영한다. 그런데 우리가 기독교 문화권인 유럽이나 동양 문화권인 대만과 다른 점은 무엇보다 "개신교 역사상 가장 타락"(손봉호 교수)한 한국 교회의 존재다. 서글픈 점은 대다수 사회 구성원이 공포 마케팅에 워낙 오랫동안 노출되어 익숙해졌다는 점이며, 개혁적인 정치인조차 이들의 표를 의식하여 희망과 사랑의 정치를 펴지 못한다는 점이다.

이번 퀴어 축제의 주제는 "스무 번째 도약, 평등을 위한 도전"이었다. "다양성이 존중되는 평등한 사회를 이루는 데 정부와 정치권이 좀 더 의지를 갖고 움직여달라는 바람을 주제에 담았다." 강명진 조직위원장이 말했다. 퀴어 축제의 구호에는 성소수자가 처한 실존적 현실에서 출발하여 이를 극복하고 해방에 이르자는 '외침의 역사'가 담겨 있다. 초기에는 성소수자의 존재를 드러내기 위해 "크게 외쳐라", "한 걸음만 나와봐!", "멈추지 마, 지금부터야!", "움직여!" 등의 구호를 외쳤다면, 최근에는 "사랑하라, 저항하라", "지금 우리가 바꾼다", "평등을 위한 도전" 등 변화를 외치고 있다. 성소수자에게 퀴어 축제는 대명절이다. 그들은 "'퀴어뽕'을 맞고 1년을 버틴다"고 말하기도 한다. 왜 아니겠는가? 1년 내내 존재를 부정당하고 차별·배제당하는 고통과 설움을 날려버려야 하겠기에. 20년 동안의 외침, 이제 촛불은, 정권과 시민은 성소수자에게 응답해야 한다.

2019. 6. 13.

# 착한 방관자는 비겁한 위선자

"광주 사람은 소수민족인가, 이교도인가?"

　1980년 5월의 일주일 동안, 프랑스 공영 티브이의 저녁 8시 뉴스는 광주 민주항쟁을 연일 톱으로 보도했다. 국내에서는 언론 통제로 아무도 볼 수 없었던 광경을 세계는 보고 있었다. 그 중에는 영화 〈택시운전사〉를 통해 유명해진, 독일 제1공영방송(ARD)의 위르겐 힌츠페터 기자가 찍은 광경도 포함되어 있다. 뉴스를 접한 프랑스인의 반응 중 하나가 "광주 사람은 소수민족인가, 이교도인가?"였다. 그들의 눈에는 몽둥이로 두들겨 맞고, 두 손을 뒤로 묶여 굴비처럼 엮이고, 팬티 바람으로 트럭에 끌려가고, 마구 쏜 총에 죽임을 당한 사람들이 일반 시민일 수 없었다. 그보다는 한나 아렌트가 "사회로부터 버림받은 자들"로 칭한 '파리아(pariah)'에 가까운 존재였다. 소수민족도 이교도도 아닌 광주 사람에게 진압군이 보인 잔혹성은 혐오감정을 배제하고 설명될 수 있을까?

혐오가 지속적으로 정치적 힘을 갖는 데는 이유가 있다. 우선 혐오는 감정이기 때문에 합리성으로 해소하기 어렵다. 또한 혐오는 약자와 소수파를 차별·지배하기 위한 강자와 다수파의 감정기제이기 때문에 제어가 되지 않는다. 특히 혐오는, 전두환 무리가 그렇듯이, 탄압은 물론 살육까지 마다하지 않는 세력에게 양심의 짐을 없애준다.

1923년 9월 일본의 관동대지진 당시 "조선인들이 폭동을 일으킨다", "조선인들이 우물에 독을 풀었다", "조선인들이 방화한다" 등의 유언비어가 널리 퍼지면서 수천 명의 조선인이 학살당했다. 이면에는 일본인의 '조선인 혐오감정'이 있었다. 마찬가지로 90여 년이 지난 오늘날 아베 정권을 비롯하여 일본의 극우세력이 과거를 부정하고, '위안부' 문제에 사죄할 뜻이 없는 것도 '혐한(嫌韓) 감정'으로 양심의 짐을 벗어던졌기 때문이다.

경남 합천군에는 '일해공원'이 있다. 본디 이 공원은 '새천년 생명의 숲'이라는 이름으로 개원했다가 나중에 일해공원으로 명칭이 바뀌었다. 적지 않은 사람이 거꾸로 ('일해공원'에서 '새천년 생명의 숲'으로 명칭이 바뀐 것으로 잘못) 알고 있는 것은 상식의 방향이 그렇기 때문이리라. 공원 입구에는 전두환이 쓴 '일해공원'이라는 표지석이 세워져 있고, 그 뒷면에는 다음과 같이 새겨져 있다. "이 공원은 대한민국 제12대 전두환 대통령이 출생하신 자랑스러운 고장임을 후세에 영원히 기념하고자 대통령의 아호를 따서 일해공원으로 명명하여 이 표지석을 세웁니다. 2008

년 12월 31일 합천군수." 아이러니한 것은 '3·1독립운동 기념탑'
도 이 공원에 세워져 있다는 점이다. "국가권력에 의한 반민주·
반인권적 행위에 따른 인권유린과 폭력·학살·암매장 사건 등이
자행되어 헌정질서를 훼손한 사건"(민변 성명서)의 수괴인 전두
환과, "대통령이 출생하신 자랑스러운 고장임을 후세에 영원히
기념하"는 공원 사이에 놓여 있는 것 또한 혐오감정이다.

　　전두환 등을 법으로는 단죄했고 〈화려한 휴가〉, 〈택시운전
사〉 등의 영화가 호평을 얻었어도 일부 사회 구성원에게 혐오감
정은 끈질기게 살아 있다. 혐오는 사랑보다 힘이 세다. 가령 '전
두환을 사랑하는 사람들'(전사모)도 전두환을 사랑하는 감정보
다는 반대파에 대한 혐오감정이 훨씬 더 강할 것이다. 사랑이 우
리 눈을 멀게 하듯이, 혐오는 우리의 이성을 마비시킨다. 민주·
반민주 구도를 흐리게 하는 것도 혐오의 힘이다. 혐오는 파장력
이 강력한 만큼 굳이 다수가 혐오감정을 갖지 않아도 된다. 혐오
에 분노로 맞서지 않는 '착한 방관자'가 다수이기만 하면, 그래서
일해공원을 찾는 아이들에게 무엇을 가르칠지 '생각하지 않는'
사람이 다수이기만 하면 된다. 이것이 바로 혐오의 정치학이다.

　　최근 5·18민주화운동과 관련하여 망언을 했던 자유한국당
소속 세 국회의원이 스스로 '혐오의 정치'의 달인임을 보여주었
다. 그들에게 정치는 혐오의 언어로 혐오감정을 부추기는 것이
다. '80년 광주폭동', '5·18 유공자라는 괴물 집단' 등의 발언은 물
론, "국가를 위해 전쟁터에서 싸우다 희생되었는가… '시체장사'

라는 말이 나올 만도 하다" 같은 세월호 희생자에 대한 발언도 마찬가지다. "활동 사항을 보니 동성애 관련이 많은데, 동성애자는 아니죠?"(진선미 여성가족부 장관 후보자 인사청문회)와 같은 질의는 어떤가. 비상식적인 내용과 가짜 뉴스로 선동을 일삼는 그들의 모습에서는 자유한국당이 재집권하기 어려우리라는 불안감과 초조함이 느껴지기도 한다. 우리는 이런 혐오의 정치가 정치에 대한 혐오감을 불러일으켜서 시민들을 정치로부터 멀어지게 하고, 결과적으로 혐오스러운 정치인이 정치를 계속 독점하게 하는 부수적 효과를 가져온다는 점을 놓쳐선 안 된다.

앞서 말했듯이, 혐오는 가진 자, 힘센 자, 다수파가 없는 자, 약한 자, 소수파에 대한 차별, 억압, 지배를 관철시키는 감정기제로서 한쪽 방향으로만 작용한다. 나치 지배하의 독일인이 유대인을, 일제강점기의 일본인이 조선인을 혐오했고, 오늘날에는 이스라엘 유대인이 팔레스타인 사람을 혐오한다. 이성애자는 성소수자를 혐오하고 내국인은 난민이나 이주노동자를 혐오한다. 어떤 경우에도 역은 성립되지 않는다. 여기서 우리는 혐오가 불의와 불평등에 맞서는 분노를 억압하여 시민성을 훼손한다는 점을 간과할 수 있다. 가령 한국의 젊은 세대가 함께 분노를 표출하는 대신 '여혐'과 '남혐'으로 대립각을 세우는 것이 지배 세력에겐 실로 아름다운 '혐오의 정치학'인 것이다.

이제 혐오의 정치에 휘둘리는 대신 '사랑의 정치'를 펼칠 때가 되었다. 이것이 촛불 민주주의가 우리에게 요구하는 것이다.

한국 현대사를 되돌아보면, 70년 적폐를 쌓은 수구 기득권 세력의 정치적 헤게모니는 혐오의 정치를 통해 관철되었다. 그들의 담론에서 북한과 진보좌파 그리고 특정 지역에 대한 혐오를 제외하면 무엇이 남을까? 이 점은 일본 자위대 창설 기념식이나 일왕 생일 축하연에는 참석하면서도 남북 철도 연결식에는 참석하지 않은 나경원 자유한국당 원내대표의 최근 행보에서도 엿볼 수 있다. 이제 우리는 70여 년의 분단 체제를 지나 남북 관계를 새로이 정립하고, 이 땅에 강고히 뿌리내린 혐오의 정치와 결별해야 한다. 누군가의 말처럼 "정치는 본디 고귀한 것이다. 보이지 않는 사회적 연대의 실현을 기본 소명으로 갖고 있기 때문이다".

이런 점에서 차별금지법을 혐오감정의 덫에서 해방시키고 입법해야 할 책무가 촛불 정권과 촛불 시민들에게 있다. 차별을 금지하라는 것은 민주주의의 당연한 요구다. 유럽에서는 "21세기는 성소수자의 해방으로 시작되었다"고 말하지만, 아직 우리에겐 동성결혼권은커녕 동거권(생활동반자법)조차 없다. 성소수자는 헌법상 권리인 행복추구권에서 철저히 배제되고 있는 것이다. 문재인 대통령은 후보 시절 차별금지법에 관해 "사회적 합의를 도출하는 과정이 선행되어야 한다"며 비켜갔었다. 집권 후에 나온 '100대 국정과제'에도 차별금지법은 제외되었다. "사회적 논쟁을 유발할 내용이 있"다는 것이 이유였지만 사실은 성소수자 혐오가 배경에 있다는 사실을 웬만한 사람은 안다. 그런데 공론장에서 설득도 논쟁도 없이 어떻게 사회적 합의를 도출하겠다는 것인지 이해할 수 없는 노릇이다. 다시 강조하건대, 혐오 옆의 '착한 방관자'는 '비겁한 위선자'일 뿐이다. 많은 정치인들 사이에서 정치 지도자가 아쉽다.

2019. 2. 14.

# 혐오의 뿌리

20년 동안 프랑스에서 난민으로 살다 돌아온 나는 한국 땅을 찾은 난민을 보면서 이런 생각을 했었다. "난민이 된 것도 엄청난 불행인데, 마지막 운까지 없구나. 유럽이나 캐나다가 아닌 한국 땅에 오다니! 난민 인정률이 세계에서 가장 낮은 2퍼센트 수준으로 '난민이 난민으로 인정받는' 것이 '신의 일'로 여겨지는 나라. 기적처럼 난민으로 인정받아도 노동허가제가 아닌 고용허가제여서 노동권이 없고 고용주에게 '간택되어야' 겨우 일자리를 얻을 수 있는 곳. 하필이면 수많은 나라 중에 여기로 왔을까"라고.

그러면서 내가 난민 자격 심사를 받았던 곳은 프랑스 외무부 산하 '난민과 무국적자를 위한 보호실(OFPRA)'이었던 반면, 한국에서는 법무부가 난민 자격 심사를 담당한다는 것이 새삼스러웠다. 제네바협약에 따라 인종, 종교, 국적, 사회적 신분, 정치적 견해의 차이로 박해받을 가능성이 있는지 없는지를 심사하기 위해서는 난민 신청자의 출신국이 처한 상황을 자세히 알아야 하고, 외국인인 난민 신청자와 원활히 소통하기 위해서는 외국어에 능통해야 한다. 그런 이유로 난민 자격 심사는 외무부에서 관장하는 것이 논리적으로 맞다. 법무부에서 난민 자격 심사를 관할하는 것은 난민을 보호하려는 의지보다는 통제하고 내치려는 의지가 반영된 것이다. 내가 정부의 난민정책을 비판한 것도 그래서였다.

그러나 그동안의 내 생각은 짧은 것이었다. 제주도에 온 예멘 출신 난민에 대한 동시대인의 혐오감정 표현에 나는 격심한 충격을 받았다. 그들은 내국인의 일자리를 빼앗는 정도가 아니라 아예 떼로 쳐들어온 성폭력 범죄 집단으로 비치기까지 했다. 독일처럼 한 해에 80만 명의 시리아 난민이 밀려들어 오는 것도 아니고, 오스트리아처럼 내국인 출생자 수보다 외부에서 유입되는 인원수가 많은 것도 아닌 고작 500여 명…. 그 정도면 극우 정치 세력에게 '정체성 공포'의 빌미를 주는 것도 아닌데 말이다.

그런데 청와대 국민청원 홈페이지에 제기된 '제주도 불법 난민 신청 문제에 따른 난민증·무사증 입국과 난민 신청 허가 폐지/개정' 청원 요구에는 60만 명 이상이 참여했다. 댓글 중에는 차마 글로 옮길 수 없는 내용이 적지 않다. 내 귓가에는 벌써 "인권 감성팔이, 집어치워!", "네 집이나 내줘!" 따위의 소리가 들린다. 이 거대한 혐오감정은 어디서 분출된 것일까?

이 공격성에 짓눌린 탓일까. 일부 언론의 방어적 보도는 안간힘처럼 느껴졌다. "난민이라면서 어떻게 스마트폰을 갖고 있느냐?"는 질문에는 가족이나 친지와 소통할 길이 그것뿐이라고, "왜 남성이 훨씬 더 많으냐?"는 질문에는 전쟁터에 끌려가지 않기 위해 가족 중에 제일 먼저 떠나와야 했기 때문이라고 그들 대신 답변해준 기사. 전 재산이 8만 원뿐인 난민이 67만 2000원이 들어 있는 지갑을 주워 주인에게 돌려주었다는 기사. 2013년 영종도에 난민지원센터가 들어선 이래 난민 범죄가 없었고 주변 집값도 떨어지지 않았다는 기사. 나만의 일이었을까. 이 기사들을 읽으면서 오히려 서글픔이 밀려왔던 것은.

여기서 수오지심(羞惡之心)과 측은지심(惻隱之心)을 인간의 가장 중요한 조건으로 꼽은 맹자의 말을 강조하려는 것은 아니다. 또 한 인디언 부족의 기도문("오, 위대한 영이여! 내가 상대방의 모카신을 신고 1마일을 걷기 전에는 상대방을 판단하지 않도록 지켜주소서")에 담긴 역지사지(易地思之)를 본받아 예멘인들의 자리에서 생각해보라고 설득하려는 것도 아니다. 부부 간에도 서로 설득되지 않아서 다른 생각을 가진 채로 평생 살아가는데, 남을 설득하는 일이 가당키나 하겠는가.

다만 함께 나누고 싶은 질문이 있다. "만나보지도 겪어보지도 않았으면서 어떻게 혐오감정을 가질 수 있는가?"라는 질문이 그것이다. 내가 시대 변화에 둔감한 순진한 로맨티시스트여서일까. "알지 못한 채 사랑한다"는 말은 어렴풋이나마 이해되는 반면, "알지 못한 채 혐오한다"는 말은 잘 이해되지 않기 때문이다.

세상에는 스스로 인종주의자라고 말하는 사람이 아주 드물다. 다만 인종주의적 언행으로 가득 차 있을 뿐이다. 나와 다른 인종, 종교, 문화를 가진 대상을 차별·배제·억압하고, 마침내는 혐오의 단계로 넘어가는 것이 순서일 듯싶다. 그런데 어떻게 그런 과정이 생략된 채 바로 혐오하는 것일까. 기억력이 나쁘지 않은 사람이라면 3년 전에 세 살짜리 시리아 어린이 알란 쿠르디가 터키 해변에 시신으로 떠밀려온 사진을 떠올릴 수 있을 것이다. 그때 품었던 측은지심은, 가령 그의 아버지나 아저씨가 제주도 난민으로 들어왔을 때는 혐오감정으로 돌변하는 것인가. 아니면 화면으로 만나는 것과 직접 대면하는 것이 다르기 때문인가. 마치 『레미제라블』에 나오는 바리케이드의 소년 가브로슈에겐 환호하지만 거리에서 만나는 불량(이라고 규정된) 소년들은 혐오하는 것처럼.

우리는 우리 각자의 눈으로 사물과 현상을 본다. 예멘 출신 난민을 향한 혐오감정은 그들에게 투사된 우리 자신의 모습인 것이다. 거기에 담겨 있는 것은 무엇일까? 한편에는 '지디피(GDP) 인종주의'가 자리 잡고 있을 것이다. 누군가 지적했듯이, 백인과 결합한 가족은 '글로벌 가족', 비백인과 결합한 가족은 '다문화 가정'이라고 부르게 하는 것이 바로 지디피 인종주의나. 한국의 현대사 속에서 교묘히 결합한 물신주의와 인종주의는 지디피 인종주의로 발전했다. 그리하여 우리는 우리보다 지디피가 높은 나라 사람들에겐 받는 것 없이 올려다보고 지디피가 낮은 나라 사람들에겐 주는 것 없이 내려다보는 정신 자세를 갖게 되었다. 여기에 무슬림에 대한 편견이 강력히 결합되어 있음은 두말할 나위가 없을 것이다. 또 믿고 싶어 하는 얘기만 들으려는 확증 편향도 있을 것이다. 그래도 이것만으로는 증오감정을 폭발적으로 유발시킨 공포와 불안의 정체, 특히 그 공격성을 이해하기 어렵다.

그렇다면 혹시 우리가 손해를 보는 일이라면서, 약자·패배자의 몫이라면서 친절과 환대, 배려와 연대를 내팽개치고, 공격적인 힘에만 의지한 것도 한몫하지 않았을까. 오랫동안 국가폭력에 익숙해진 우리는 오로지 물적 조건으로 힘의 크기가 규정되는 사회에서 맘몬(mammon)의 숭배자, 힘의 숭배자가 되었다. 폭력의 행사는 강자의 권리였다. 억울하게 당한 자가 법에 호소해보았자, 최근까지 양승태 대법원이 보여주었듯이, 법이란 크로폿킨의 말대로 '힘센 자의 권리'에 지나지 않았다. 그리하여, '갑'은 '을'에게 힘을 행사하고 '을'은 당한 만큼 '병'에게 풀어내는 방식이 자리 잡았다. 양심적 병역거부자와 성소수자 사이의 연대가 거의 일방적으로만 유효하듯이, 젠더 폭력의 오랜 피해자인 여성 대부분이 자신보다 약한 소수자인 난민에게는 남성이라는 이유로 더 공격적인 혐오감정을 드러내고 있는 게 아닐까.

난민은 자기가 속했던 국가와 사회를 떠나야 하고, 가족, 친지, 동료, 이웃과도 멀어져야 한다. 그러면서 물설고 낯설고 말도 통하지 않는 땅에서 어떻게 살아가야 할지 언제 돌아갈 수 있을

지 막막하고 가슴 먹먹한 일상을 살아야 한다. 언제나 소수자이고 약자인 그들에게 잠시 편견과 혐오감정을 내려놓고 눈길 한 번 주면 안 될까. 인간은 감성을 가진 사회적 동물이기에, 사소한 냉대와 불친절을 당해도 사회로부터 버림받은 느낌을 갖는 반면, 한순간의 눈길 교환만으로도 상대방이 겪은 삶의 층위를 느끼고, 그 깊이와 폭에 대한 공감, 아니 공감까지는 아니더라도 신뢰를 느끼는 존재이기 때문이다.

나의 과거를 오늘날 보여주고 있는 당신들, 부디 꿋꿋하게 살아내시길…. 비록 소수지만, 제주도에서 "타자를 존중하고 타자와 윤리적 관계를 맺어야 '나'라는 존재의 유한성을 극복할 수 있다"는 에마뉘엘 레비나스의 말을 실천하고 계신 분들이 고맙기 그지없다.

2018. 7. 5.

# 해방의 세기

아홉 사람 중 한 명은 왼손잡이라고 한다. 선택이 아닌 자연의 이치다. 다수인 오른손잡이가 '바른(=영어의 right, 프랑스어의 droite) 손'을 가진 사람이라면, 왼손잡이는 '틀린' 손을 가진 사람이 되어야 한다. 다수와 소수의 관계가 서로 '다른' 관계가 아닌 바름과 틀림, 정상과 비정상의 관계로 치환될 때, 다수는 다수에 속하는 것만으로도 바르고 정상인 자리에 서게 되고, 소수는 소수에 속하는 것만으로도 틀리고 비정상인 자리에 계속 머물 수밖에 없다.

소수자를 어두운 곳에 밀어 넣고는 어둡다고 비난하고, 모든 사회 구성원을 이미 옳음과 그름, 정상과 비정상으로 자리매김해버림으로써 우리 사회는 자기 성숙의 모색과 실천에서 멀어지게 된다. 선거 민주주의 아래에서 정치는 '다수의 횡포'에서 자유롭기 어렵기 때문에 과학과 인권법이 시민사회와 정치에 대해 부단히 발언해야 한다.

사회에 따라 적게는 4퍼센트, 많게는 12퍼센트(성소수자의 커밍아웃이 열려 있는 유럽의 수치)나 되는 성소수자는 두 손을 바른손과 왼손으로 구분한 인류사에서 소수에 속하기 때문에 차별과 배제 그리고 혐오의 대상이 되어야 했다. 그들이 시민의 당연한 권리인 '개인의 자유'와 '평등권'을 획득하기까지는 실로 지난하고 오랜 세월이 필요했다. 인권법의 진전과 과학의 발전이 이런 변화를 가능하게 했다. 21세기는 성소수자에게 해방의 세기로 기록될 것이다. 이는 아무리 부정해도 막을 수 없는 흐름으로서, 이미 지구촌 곳곳에서 구체화되고 있다.

가령 가톨릭 전통이 강한 아일랜드에서는 인도인 아버지와 아일랜드인 어머니 사이에서 태어난 리오 버라드커가 38세의 나이에 중도우파 정권의 총리가 되었다. 그런데 놀랍게도 그는 성소수자다. 앞서 말했듯이, 정치에는 과학이 중요하게 작용한다. 성소수자가 그렇게 태어난 존재임을, 그래서 '동성애를 반대한다'는 말이 어불성설임을 밝히는 일에 과학이 역할을 할 수 있다(나로선 과학의 힘을 꼭 빌려야 하는 것인지 모르겠지만 말이다. 이성애자인 나에게 동성애를 강요하면 불가능하듯이, 성소수자의 입장을 역지사지해보는 것만으로 충분하지 않을까?). 아무튼 과학자의 압도적 다수(97퍼센트)가 찬성하는 진화론에 일반인의 21퍼센트만이 지지하는(대니얼 A. 벨의 『차이나 모델』) 미국에서도 2015년 연방대법원의 판결로 동성결혼이 합법화됐다.

그리고 지난 5월 24일 대만 헌법재판소는 동성 간의 결혼

금지를 '개인의 자유'와 '평등권'을 침해하는 것이라고 판결함으로써 28세부터 59세까지 31년 동안 동성결혼권을 위해 싸워온 치자웨이의 손을 들어주었다. 대만 헌법재판소는 대만 의회에 2년 내 민법을 개정하여 동성결혼을 합법화할 것을 요구했고, 만약 2년 내 민법을 개정하지 않을 경우 동성애자가 각 지역 사무소를 직접 방문해 결혼 등록을 할 수 있다고 밝혔다. 치자웨이의 변호사는 "재판관들도 시대 분위기에 민감했으며, 성소수자에 대한 편견이 정당하지 않다는 것을 고려하게 되었다. 재판관들은 결정문에서 이 부당성을 특히 강조했다"고 전했다. 차이잉원 대만 총통은 아시아 최초로 동성결혼권을 갖게 된 것이 자랑스럽다는 듯, "법은 개인의 결혼권과 평등권을 옹호해야 한다"고 말했다.

적지 않은 나라에서 동성결혼권은 기정사실이 되었다. 가장 앞선 톨레랑스의 나라답게 네덜란드가 2001년에 처음으로 동성결혼권을 법제화했고, 벨기에, 스페인, 캐나다, 프랑스 등이 그 뒤를 이었다. 신앙인들에게서 종교세를 걷는 독일도 지난 6월 30일 유럽연합 국가로는 열두 번째로 동성결혼권을 합법화했다. 독일 의회는 단 40분 만에 찬성 393표, 반대 226표로 동성결혼권 법안을 통과시켰다. 사민당, 녹색당, 좌파당은 당론에 따라 찬성표를 던졌고, 보수연합인 기민당-기사당은 자유 표결에 따라 304명 중 75명이 찬성표를 던졌다. 이때 앙겔라 메르켈 총리가 특출한 정치 지도자의 면모를 보여주었다. 법안 상정에 앞장선 그는 "결혼은 남성과 여성의 결합"이라는 독일 헌법 조문을 들어 반대표를 던지는 한편, 동성 커플의 입양권에는 찬성한다는 모순된 입장을 밝혔다. 독일의 동성 커플은 2001년부터 '삶의 동반' 계약에 따라 '시민결합'권을 이미 부여받았기 때문에 동성 커플의 입양권에 찬성한다는 것은 동성결혼권에 찬성한다는 것과 거의 차이가 없었다.

동성애자가 시민결합 형태의 동거권에 머물지 않고 결혼권을 획득하여, 아이를 기르는 행복과 기쁨을 누리는 입양권을 갖기까지 '부-모-자식'의 가족구성을 통해서만 아이를 잘 기를 수 있다는 기존의 사회통념을 극복해야 했다. 이에 관한 학자들의 결론은 명료했다. 아이에게 중요한 것은 어떻게 가족이 구성되느냐가 아니라 얼마나 사랑을 받느냐라는 것.

이제 국내로 시선을 돌려보자. 문재인 정권의 100대 국정과제에는 차별금지법이 빠져 있다. 2012년 민주당 소속 국회의원이던 김진표 씨는 개신교 인사들과 만난 자리에서 "앞으로도 동성애와 동성혼을 허용하는 법률이 제정되지 않도록 모든 노력을 다할 것을 약속"했다. 현재 그가 위원장으로 있는 국정기획자문위원회에 따르면, 차별금지법이 100대 국정과제에 들지 못한 것은 "사회적 논쟁을 유발할 내용이 있"기 때문이라고 한다. 하긴 2016년 한국장로교총연합회 신년하례회에서 "남성 동성애자 간의 성 접촉이 에이즈의 주 매개체"라고 주장하면서 차별금지법을 반대한다고 했던 이혜훈 씨가 자유한국당도 아닌, 합리적 보수를 표방한 '바른정당'의 대표로 있는 한국의 정치 환경에서 차별금지법은 사회적 논쟁을 유발할 가능성이 대단히 높다. 그러나 민주주의는 본디 소란스러운 것이라서 사회적 갈등이 공론의 장에서 표출·토론되고 조정되며 한 발 한 발 앞으로 나아가는 것이다. 더욱이 차별을 금지하는 것은 인권과 민주주의의 기본 원칙 아닌가.

다른 나라에서는 차별을 넘어 다른 토론을 하고 있다. 가령 남성 커플에게 자기(들)의 정자로 대리모를 통해 아이를 가질 권리를 부여할 것인가. 이때 프랑스처럼 대리모를 인간의 존엄성을 침해하는 것으로 간주하여 불법화할 것인가, 아니면 영국, 캐나다, 그리스, 미국의 몇몇 주처럼 대가나 보상을 전제로 쌍방 간에 자유롭게 계약한 경우 합법으로 인정할 것인가. 또 여성 커플이나 독신 여성에게 정자를 제공받아 인공수정으로 아이를 가질 권리를 부여할 것인가. 이때 아이가 성장하여 자신의 뿌리를 알고자 하는 경우 정자 제공자의 신분을 알려줄 것인가. 또 점점 늦어지는 결혼 연령 등으로 아이를 갖기 어려울 경우에 대비하여 젊은 여성에게 미리 난자를 냉동 보관할 권리를 부여할 것인가. 또한 이 모든 경우에 비용을 공공 의료보험으로 충당할 것인가 등….

이처럼 다른 곳에서는 성소수자를 포함한 사회 구성원의 행복추구권 확장을 두고 토론이 벌어지고 있지만, 한국에선 동성결혼은커녕 시민결합 등 동성 커플의 어떤 법적 지위도 인정하지 않는다. 촛불로 탄생한 문재인 정권마저 100대 국정과제에서 차별금지법을 배제했다. 결국 '나중에'는 또다시 '나중에'로 남을 것인가. 분명한 사실은 그 '나중에'는 시대의 흐름에 역행하는 사람들의 것이 아니며, 아무도 시대의 흐름을 막을 수 없으리란 것이다.

2017. 7. 27.

# 3부

—————— 아이들에게 미안하다

# 확증편향의 함정

애당초 나에게 조국 가족이 벌인 '기회의 사재기'가 기소 요건인지 아닌지는 중요한 물음이 아니었다. 이를 계기로 교육계를 비롯한 시민사회가 '불평등의 세습'을 주제로 치열하게 토론해야 마땅하다고 생각했다. 교육이 한 사회의 생산력을 확장시켜줄 수는 있다. 하지만 교육이 사회적 불평등을 해소해준다고 믿을 근거는 없다. 오히려 그 반대다. 프랑스 사회학자 피에르 부르디외와 장클로드 파스롱(Jean-Claude Passeron)이 "교육은 사회적 불평등을 재생산하고 정당화한다"고 주장했던 것이 반세기 전의 일이다. 한국이라고 다를까. 개천에서 용 나던 시절은 이미 지나갔다. 설령 개천에서 용이 난다고 해도 그는 이미 개천 사람들을 대변하지 않지만 말이다.

최근 조귀동은 '90년대생이 경험하는 불평등은 어떻게 다른가'라는 부제가 달린 저서 『세습 중산층 사회』(독자의 일독을 권한다)를 펴냈다. 이 책에 따르면, "90년대생의 세계에서 부모

세대가 대졸 사무직으로 중산층 지위를 확보하지 못한 경우, 자녀 세대인 그들이 명문대 졸업장을 받기란 낙타가 바늘구멍에 들어가는 수준으로 어려워졌다"고 한다. 또 "한번 대기업 정규직, 전문직, 공무원이라는 '내부자'가 되면 웬만한 일이 있지 않은 한, 내부자로 남는다. 반면, 중소기업 정규직, 대기업 비정규직, 기타 비정규직-일용직 등이 되면 끝까지 '외부자'의 삶을 살아야 한다. 그 격차는 점점 더 벌어진다"고 한다. 오늘의 20대는 그들의 부모 세대인 86세대와 전혀 다른 교육·사회 환경에 처해 있다.

그렇다 해도 조국 부부의 행태는 너무 지나치지 않은가. 혹자는 정유라와 견주기도 한다. 하지만 최서원은 교육자가 아니었다. 또 혹자는 '인디언 기우제'나 '태산명동서일필(泰山鳴動鼠一匹)'을 운운하기도 한다. 그러면 누구나 다 그렇게 하고 있을 만큼 대수롭지 않다는 얘긴가? 놀라운 일은 그런 주장에 대학교수 등 교육자나 시인까지 거들고 나선다는 점이다. 아무리 그런다고 해도 조국 부부가 교육자로서 자신들의 정체성을 부정하는 행위를 저질렀다는 점은 누구도 부인할 수 없다.

과거 학생은 단순히 신민 교육의 대상일 뿐이었다. 하지만 이제 신자유주의 기조 아래에서 학생과 학부모는 점차 고객이 되었다. 최근에 교육계는 민주 시민 교육이라는 말을 꺼내기 시작했다. 그만큼 우리 학교에서는 오랫동안 시민 교육을 하지 않았다는 뜻이다. 교육은 존재를 위한 목적이 아니라 소유를 위한 수단이 되었고, 학생들은 시민이 되기 전에 고객부터 되었다. 교육의 세 주체 가운데 학부모회만 법제화된 것, 교사들이 각종 잡무 외에 학부모의 민원에 시달리는 것, 학생이 교실에서 태연하게 잠을 자는 것, 학원 강사가 학교에 초빙되는 것 등은 모두 학생이 시민이 아닌, 고객이 되었다는 방증이다. 시민은 자유와 권리에 따르는 의무와 책임을 의식하지만, 고객은 구매력을 행사할 뿐 의무와 책임 의식을 갖지는 않는다. 그런데 이 고객에겐 신민의 습성이 아직 남아 있다. 자율성 대신 타율성과 집단 귀속성을 강하게 지닌 것이다.

시민 의식도 형성되지 않은 사람이 구매력을 가진 집단으로서 팬덤화되어, 특히 미디어의 장에서 강력한 힘을 발휘한다. 유시민 씨의 "힘으로 제압해야…"라는, 민주주의자라면 꺼내기 어려운 발언에 담긴 힘도 구매력을 가진 팬덤의 힘이다. 시민단체들은 회원이 떨어져나갈까 전전긍긍하고, 진보 매체들은 독자가 떨어져나갈까 압박을 느낀다. 〈한겨레〉는 창간 때부터 대통령 부인을 '이희호 씨', '권양숙 씨' 등으로 표기하는 원칙을 세웠다. 경어체를 비롯하여 한국어의 복잡한 호칭이 민주주의 발전에 걸림돌로 작용한다는 인식 아래 그런 원칙을 세웠던 것이다. 그런데 〈한겨레〉는 2년여 전부터 이런 원칙을 고수하지 못하고 '김정숙 여사'로 물러서야 했다. 구매력을 가진 팬덤의 압력이 중요하게 작용했기 때문이다. 이를테면, 〈한겨레〉는 '권양숙 씨'에서 '김정숙 여사'로 물러선 순간, 민주주의의 성숙을 지향하는 진보 매체로서 자기 정체성을 훼손시킨 것이다.

시민단체 회원이나 진보 매체의 구독자는 회원이나 구독자로서 구매력이 있는, 다시 말해 20대 80의 사회에서 '20'의 하층이나 '80'의 상층에 속하는 사람들이다. 그래서 나머지 사람들이 겪는 고통과 불행에는 관심이 옅은 편이다. 구매력을 행사하기만 하고 시민으로서의 의무와 책임 의식은 부족한 팬덤은 민주주의의 성숙과 진보에 걸림돌이 되기도 한다. 하지만 우리 사회에서는 오히려 그들이 민주주의와 진보의 수호자를 자처하는 역설이 관철되고 있다. 권력 실세의 스핀 닥터(spin doctor)들과 미디어 장사꾼들의 이해관계가 연결돼 있다고 귀띔해줘도 소용없다. 나는 이와 관련하여 '정치의 종교화 그리고 팬덤화'와 함께 코기토(Cogito, 나는 생각한다)가 없는 한국의 '죽은 교육'이 사회 구성원을 회의할 줄 모르게 만듦으로써 그 어느 사회보다 확증편향의 함정을 깊고 공고하게 팠다는 점을 이유로 꼽는다.

'생각한다'는 것은 무엇보다 '회의한다'는 것이다. 우리는 글쓰기와 토론을 거의 하지 않는 학교와 교실에서 생각 대신 암기를 한다. 그것도 정답이라는 고정된 형태로. 생각하는(=회의하는) 과정 없이 고정된 정답을 의식 세계에 주입한 우리가 고집불통이 되는 만큼 확증편향도 강력하게 작용한다.

내가 자주 하는 말이지만, 한국 사회는 설득이란 말은 있어도 설득은 되지 않는 사회다. 가령 부부 사이는 어떨까? 애정으로 맺어지고 계급적 처지도 동일한 사이지만, 다른 생각과 가치관을 지닌 채로 평생 한집에서 살아가는 부부의 모습. 이것이 한국의 부부 대다수가 보여주는 서글픈 자화상 아닌가. 이렇게 부부 사이에도 설득이 되지 않는데 누구를 설득하겠는가.

실상 우리는 누구도 남을 설득하려고 노력하지 않는다. 뒤집어 말하면, 나 또한 아무한테도 설득되지 않는다. 모든 사람이 이미 완성 단계에 이른 것처럼 살아간다. 이런 사회 구성원에게 확증편향이 한번 빠지면 결코 빠져나올 수 없는 깊은 함정이 되는 것은 당연한 귀결이다. 또 '나'로서 생각한 적이 없으므로 남의 자리에서 생각하는 역지사지의 지혜도 갖기 어렵다. 나의 자리에서도 생각하지 않으면서 어떻게 남의 자리에서 생각하겠는가. 한국인의 확증편향을 강고하게 만드는 또 하나의 이유다.

확증편향에서 벗어나기. 그것은 나부터 '회의하는 자아'가 되는 것 말고는 달리 도리가 없다. 그런 전제 아래 어렵더라도 이웃을 설득하는 수밖에. 학교와 교실에서 생각하는 교육이 펼쳐지도록 노력을 기울여야 하는 것은 두말할 필요가 없다.

2020. 1. 31.

---

"회의하면서 전진하자!" 멕시코 사파티스타 민족해방군의 구호였다. 개인도 사회도 운동도 회의하지 않으면 변화하기 어려우며 변화하지 않으면 전진할 수 없다.

# 아이 낳으라고 하지 말라

지난 4년 동안 어쭙잖게 '장발장은행장' 노릇을 하며, 동시대 장발장들의 다양한 사연을 만났기 때문일 것이다. 장관이나 헌법재판관 후보자의 자산 크기에 위화감을 더욱 느끼게 된 것은. "상부구조만 바뀔 뿐, 하부구조는 바뀌지 않는다"는 명제를 증명하듯이, 이 점에 한해서는 문재인 정권과 '이명박근혜' 정권 사이에 유의미한 차이를 찾기 어렵다. 물론 국가를 사유화하고 각종 농단을 일삼았던 사람들 대신 민주화와 성장의 두 열매를 황금분할로 획득한 능력 있는 사람들이 집권한 만큼, 세상이 나아진 것을 부정할 수는 없다. 그러나 서민을 비롯한 약자와 소수자는 정치의 주체는커녕 대상이 되기 위해서도 '나중'을 끝없이 기다려야만 한다.

　지금까지 장발장은행은 6647명(지난 2월말까지)의 개인, 단체, 교회에서 보내준 성금 9억 4000여만 원과 상환액 2억 9000여만 원을 합친 12억여 원으로 총 664명에게 벌금액을 대출해주었다. 한 명당 평균 200만 원이 채 안 되는 금액을 대출해준 셈이다. 그런데 그만한 돈이 없어서 교도소에 갇히는 동시대인이 최근까지 매년 4만 명에 달했다. 한국 사회의 한 단면을 말해주는 수치지만, 언론에는 잘 소개되지 않는다. 장발장은행은 이런 수치를 낮추는 일에 아주 미미한 기여를 하고 있을 뿐이다. 그런데 이런 수치는 머릿속에 하나의 사회상을 떠오르게 한다. 돈 없는 죄인이 재판관의 시선을 두려워하며 땅바닥을 물끄러미 바라볼 때 능력 있는 재판관은 죄인을 바라보며 그가 치러야 할 형벌의 무게를 가늠하는 모습 말이다.

지난 11일 '개혁 역주행 저지, 적폐 청산-사회 대개혁을 위한 비상시국회의' 참가자들은 "촛불 민의로부터 멀어져만 갔던 지난 2년의 경험은, 허울 좋은 적폐 세력과의 '협치' 주장에도 불구하고, 실제로는 적폐 세력과의 '협치'는 불가능하고 대신 촛불 민의의 실현만 후퇴시킬 뿐이라는 냉엄한 현실만 확인하고 있다"고 선언했다. 적폐 세력과의 '협치'가 불가능한 것은 당연한 일이다. 오늘의 집권 세력이 이런 사실을 몰랐을까? 권력이든 돈이든 많은 것을 가진 사람은 애당초 급진적 변화를 바라지 않는다. 적폐 세력은 촛불 민의의 실현을 일정 선에서 멈추게 하는 빌미로 작용한다. 좌파가 아니면서 '좌파'라고 호명하고 '연금사회주의' 등을 떠들어대는 적폐 세력과의 대치 국면에 정치적 시선을 머물게 함으로써 민중의 존재 조건에는 눈길이 가지 않게 하는 것이다. 그리하여 카를 마르크스가 『루이 보나파르트의 브뤼메르 18일』에서 지적한 "가장 단순한 부르주아적 재정개혁에 대한 요구와 가장 평범한 자유주의, 가장 형식적인 공화주의, 가장 협소한 민주주의에 대한 모든 요구는 사회에 대한 도발로 단죄당하고 사회주의로 낙인찍힌다"는 말이 떠오르게 하는 상황이 지속되고 있다.

이런 상황에서 민중은 아이를 낳지 않는 것으로 응수하고 있다. 옥스퍼드대학의 데이비드 콜먼 교수는 13년 전인 2006년에 이미 한국이 '저출생으로 사라지는 나라 1호'가 될 것이라고 천명했다. 2005년 한국의 합계출산율이 1.08로 떨어진 것을 경고하는 말이었다. 그 뒤에도 출산율은 계속 추락하여 2016년에는 65세 이상 노인 인구가 15세 미만 유소년 인구를 추월하기 시작했고, 2018년 6월에는 출산율이 0.97명으로 전년 평균 1.05명보다 더 낮아졌다(통계청). 종족 번식의 본능에 반하는 이런 일이 왜 일어날까? 적절한 인용은 아니지만, 한나 아렌트는 『전체주의의 기원』에서 "이해한다는 것은, 현실이 어떻든 혹은 어떻게 될 수 있든, 선입견 없이 주의를 기울여 현실을 직시하는 것이다. 필요시엔 그 현실에 저항하면서"라고 말했다. 이 말처럼 한국 민중은 주의를 기울여 현실을 직시하기보다는 몸으로 '헬조선'의 현실을 느끼고 현실에 대한 저항으로 '아이를 낳지 않는 것'을 택했다. 출산율 저하가 노동인구 감소, 경제성장 둔화, 노인 복지 비용 증가 등 경제에 부정적 영향을 끼친다고 우려하는 목소리는 위정자의 것이지 민중의 것이 아니다.

출산율 저하의 원인이 부동산 문제, 교육 문제, 일자리(노동) 문제라는 것에 많은 사람이 동의할 것이다. 그런데 오늘의 지배계층도 이 세 가지 문제에서 수혜를 입었다는 점에서 과거의 지배계층과 큰 차이가 없다.

우선 천문학적 가격을 기록 중인 부동산은 민중에게는 평생 불가능의 영역에 속하게 되었다. 이런 상황에서 정의로운 사회를 지향한다면, 불평등과 불로소득의 주범인 부동산 문제를 근본적으로 개혁해야 마땅하지만, 문재인 정부는 부동산 가격을 올리고 땜질 뒤처리에 머물렀다. 불로소득의 환수 비율을 높이고 무주택자들에게 내 집 마련의 가능성을 주기에는 역부족으로 보인다.

'실종된 문 대통령의 교육 공약'이란 제목으로 칼럼을 쓴 적이 있다. 대선 과정에서 약속했던 교육 공약이 실종되었다는 비판에 대해 집권 세력은 아예 무반응이다. 정치적 의지가 사라지면 그 자리에 구태의 행정이 자리 잡는다. 모든 부문 중에 특히 교육 부문이 그렇다. 근래 '진보' 교육감들의 노력으로 그나마 아이들의 행복지수가 완만하게 개선되고 있지만, 교육부는 이를 외면한 채 학생들의 학업성취도가 떨어진다는 불분명한 수치만을 내세워서 '일제고사가 아닌 일제고사'의 실시를 꾀하고 있다. 3년 연속 최대치를 경신하면서 학생 한 명당 29만 1000원으로 조사된 2018년 초중고 사교육비 부담은 더욱 가중될 것이다. 놀라운 일은 '노동 존중 사회'를 표방한 문재인 정부가 국제노동기구(ILO)의 기본협약을 비준하는 일조차 미적거린다는 점이다. 노동권을 보장할 의지가 있다면 문재인 정부는 국제적인 압력을 핑계 삼아서라도 비준을 추진할 것이다. 하지만 문재인 정부는 "여성, 청년, 비정규직이 사회적 대화의 '보조축'"이라는 말을 거리낌 없이 하는가 하면, 고용노동부 장관은 '경제부처 2중대장'을 자임했던 과거처럼 '경영방어권'을 주장하고 나섰다.

장발장의 처지는 아니더라도 물질적 능력이 부족한 부모라면, 과연 누가 영재학급, 자사고, 특수목적고, 스카이에 들지 못하고 자존감도 없이 불행한 학창 시절을 보내야 하는 '2등 학생'의 삶, 집 한 칸 장만하지 못한 채 가진 자들과 힘센 자들로부터 '갑질'을 당해야 하는 '2등 국민'의 삶을 자식에게 강요할 것인가.

2019. 4. 18.

# 아이들이 안쓰럽다

"한국의 교육자여 단결하라! 우리가 얻을 것은 참교육과 참학문이고, 우리가 잃을 것은 거대한 무력감과 패배주의뿐이다."

지난 12월 10일자 〈한겨레〉 '세상읽기' 난에 실린 김누리 교수의 '한국의 교육자여 단결하라!' 칼럼의 결론 부분이다. 그는 "더 이상 무책임한 국가, 비열한 사회에 대학정책, 교육정책을 내맡길 수 없"다면서 "한국의 교육/대학 문제를 풀 유일한 방법은 교육자들이 직접 나서는 것"이라고 했다. "교육을 근본적으로 개혁하기 위해서는 교육과 연구에 종사하는 모든 사람들, 초·중등학교와 대학교의 교사, 교수, 강사 그리고 연구소의 연구원이 하나의 조직으로 뭉쳐야 한다"는 것이다. 그러면서 '아래로부터의 교육혁명'을 이끌 '한국교육연구노조' 건설을 모든 교육자와 연구자에게 제안했다.

나는 앞으로 조직되기를 바라는 '한국교육연구노조'의 노조원 자격 여부를 떠나 김 교수의 제안에 적극적으로 응답하기 위

해 이 글을 쓴다. 기성세대의 한 사람으로서 우리 아이들을 무
한경쟁의 도가니 속에 몰아넣고 있는 반인권, 반시민, 반노동의
교육 현실에 절망하고 있기 때문이다. 최근 프랑스의 68세대는
"우리 후손들에게 정의롭지 않은 사회를 물려줄 수 없다!"면서
70대 나이에 '노란 조끼'를 입고 거리로 나섰다. 감히 말하건대,
내가 그들보다 더욱 절박한 심정이다. 노무현 정권 때에는 그래
도 '국공립대 통합네트워크화' 등 대학서열을 완화·철폐하기 위
한 모색과 토론, 실천운동이 펼쳐졌다. 오늘날 교육개혁의 가능
성은 문재인 대통령의 교육 공약이 실종되면서 멀어졌다. 촛불
정권에 걸었던 기대가 가뭇없이 사라지면서 교육운동계는 과거
보다 더한 무력감과 패배주의에 시달리고 있는 듯하다. 이는 김
교수의 제안에 별 반향이 없는 것에서도 느낄 수 있다. 하지만
그가 호소하듯, 교육자들이 교육개혁의 주체가 될 수밖에 없고,
또한 되어야 한다. 이유는 간단하다. '교육자'이기 때문이다. 우리
는 먼저 아이들에게 미안하다고 말해야 한다.

오늘날 한국 사회에 '삼천지교(三遷之教)'의 '맹자 어머니'
같은 학부모는 이미 오래전에 사라지고 없다. 자식이 학교에 다
니면서 인간성을 확장하고 인간의 염치를 알며, 올바른 인격과
연대 의식을 형성하는지에 관심을 갖는 학부모가 얼마나 될까?
대부분은 자식이 학교에서 무엇을 배우는지에는 별 관심이 없
고, 등급과 석차로 표시되는 성적에 관심이 있다. 자식이 헬조선
의 '엔(N)포세대'가 될 거라는 불안이 부모를 압도하는 탓일 것

이다. 또한 등급과 석차에만 집착하는 부모 세대의 태도는 민주 공화국의 공교육 이념이 우리 사회에 정립되지 못했다는 사실도 드러낸다. 참된 교육자라면 자유, 평등, 평화, 연대, 공공성 등 민주 시민에게 요구되는 가치 형성에 기여하지 못하고, 다만 석차와 등급을 매기기만 하는 학교 교육에 존재 이유를 묻지 않을 수 없다. '무엇을 해야 하는가?'보다 지지율에만 관심을 갖는 대중추수 정치인들한테서 교육개혁을 기대하기 어렵다는 점은 분명하다. 시민적 자유와 행복추구권을 신장하기 위한 차별금지법 입법 요구에 반응을 보이지 않는 집권 세력은 시민사회의 거듭된 전교조 법외노조화 직권 취소 요구도 계속 외면하고 있다. 어려운 학교현장에서 참교육을 고민하고 실천해온 교사들마저 부정한다면 누구와 함께 참교육 실현을 도모하겠다는 것인가.

아이들이 안쓰럽다. 특히 석차와 등급 경쟁에서 앞자리를 차지하지 못하는 아이들이 무척 안쓰러운 것은 학습에 지친 그들에게서 불법 파견된 비정규직 노동자의 모습이 어른거리기 때문이다. 최근 〈한겨레21〉은 자해 행위로 '살아 있음'을 느끼는 초중등 학생이 적지 않다는 충격적인 사실을 보도했다. 수월성 경쟁이 지배하는 학교에서 대다수 학생은 자긍심, 자존감을 갖기 어렵고, 잉여적 존재로 취급받기 쉽다. 당연히 학교생활이 행복할 리 없다. 1등급은 2등급 이하를 차별하고 2등급은 그 이하 등급을 깔보고 9등급 남학생은 여학생을 혐오한다. 이런 사회에서 성소수자와 난민이 차별과 혐오의 대상이 되는 것은 당연한 귀결이다.

공부 시간은 세계 최장인데도 어떻게 이런 결과가 나온 것일까? 『논어』에 '학이불사즉망, 사이불학즉태(學而不思則罔, 思而不學則殆)'라는 구절이 있다. 중국의 각급 학교에 붙어 있다는 글귀로, '배우기만 하고 생각하지 않으면 얻는 것이 없고, 생각하기만 하고 배우지 않으면 위태롭다'는 뜻이다. 배우기만 하고 생각하지 않으면 얻는 것이 없다! 바로 우리 모습 아닌가! '배움'과 '생각하기'는 어우러져야 한다. '배움'이 모든 학생이 같은 내용(이론, 용어, 연대, 인명 등 객관적 사실)을 숙지하는 것이라면, '생각하기'는 배움의 토대 위에서 '나'가 사유하는 것이다. 공자의 가르침은 '배움만 있고 생각하기가 없는' 우리 교육이 '나' 없는 전체주의 교육임을 일깨워준다. '조반(造反, 창조적 반란)'이나 상상력을 기대할 수 없다. 이처럼 우리 교육에 배움만 있고 생각하기가 없는 것은 서열화된 대학에 조응하기 위해 학문을 왜곡한 데서 비롯되었다. 학생들을 줄 세워야 하는데 '생각하기'로는 그럴 수가 없어서 '배움'으로 마감한 것이다. '배움'으로 마감하니 '나'가 없다. '나'가 없으니 자긍심과 자존감을 가질 수가 없고, 나의 자리에서 생각하지 않으니 남의 자리에서 생각하는 역지사지는 그야말로 연목구어(緣木求魚)다. 또 '나'가 없으니 비판 의식이나 계급의식 형성도 애당초 불가능하다.

우리는 곧잘 우리 학생들에게 자기 생각이 없다고 말한다. 그러나 진실은 우리 교육이 학생들에게 자기 생각을 갖도록 하지 않는다는 점에 있다. 사유는 곧 언어이고 언어는 곧 사유다. '생각하기'는 언어로써, 즉 글쓰기와 말하기(토론)로 표현되어야 하는데, 우리 학교와 교실에는 학생들의 글쓰기와 말하기가 거의 없다. '생각하기'가 없는 것이다. 그리하여 '배우기만 하고 생각하지 않으니 얻는 것이 없'게 된다. 공부 시간은 세계 최장이고 대학진학률은 세계 최고인데, 민도가 높지 못한 이유가 바로 여기에 있다.

프랑스인들은 고등학교 3학년 때 철학 공부를 한다는 사실에 은근한 자긍심을 갖는다. 매년 6월 중순에 치러지는 대학입학자격시험(바칼로레아)의 철학 시험 문제는 많은 언론 매체에 소개된다. 수험생들은 세 개의 논제 중에 하나를 선택하여 네 시간 동안 논술하게 되어 있다. 필수과목인데다 가중치도 높아 인문계의 경우 프랑스어가 5학점이라면 철학은 7학점이다. 최근에 출제된 논제들을 보면 "모든 진리는 확정적인가?", "예술에 무감각할 수 있나?", "욕망은 우리가 불완전하다는 징표인가?", "부당한 일을 겪어야만 무엇이 정당한지 알 수 있나?", "알기 위해서는 관찰하는 것으로 충분한가?", "예술 작품은 꼭 아름다워야하나?" 등이 있다. 잠시나마 이 논제들 중에 하나를 선택해서 네 시간 동안 뭐라고 쓸 것인지 고민해보면 좋겠다. 〈르몽드〉와 인터뷰에 응했던 한 학생은 일곱 장을 썼다고 했다. 한국의 대학생들에게 이 논제들을 던져본 적이 있는데, 가장 많이 들은 답변은 "아닌 것 같은데요"였다.

그렇다면 학생들의 학습노동은 무엇을 위한 것인가? 앞에서 『논어』를 언급하며 '얻는 것이 없다'고 했었다. 하지만 지배 세력에겐 이로운 부수적 효과가 적어도 두 가지는 있다. 첫째, 세계 최장의 학습시간으로 세계 최장의 노동시간에 익숙하게 하고, 둘째, 비판 의식과 계급의식은 형성하지 않은 채 등급과 석차로 서열을 규정함으로써 머리가 좋거나 부모의 경제력이 좋은 학벌 엘리트 집단에 복종하게 하는 것이다. 총총한 눈빛의 아이들 앞에서, 참된 교육자라면 이와 같은 교육 현실을 단호히 거부해야 한다. 김누리 교수의 제안에 호응 있기 바란다.

2018. 12. 20.

# 지적 인종주의를 넘어서

이달 초 유은혜 신임 교육부 장관(사회부총리)이 취임했다. 신임 장관은 취임 일성으로 공교육 정상화와 관련된 자신의 큰 그림을 펼쳐 보이지 않았다. 전교조를 공교육 정상화의 주요 파트너로 삼기 위해 전교조 법외노조 취소를 고용노동부에 요청하지도 않았다. 대신 유치원과 초등 1~2학년의 방과 후 영어교육을 허용하겠다고 밝혔을 뿐이었다. 그보다 일주일 전에는 신임 이재갑 고용노동부 장관이 "일자리 문제 해결과 노동 존중 사회 실현에 역점을 두겠다"면서 "우리나라 노동권을 국제 수준으로 신장시키기 위해 국제노동기구 핵심 협약 비준에도 최선을 다하겠다"고 했다. 그러나 현실은 말의 성찬을 비웃는다. 5년 전 박근혜 정권하에서 조합원 가운데 아홉 명의 해직자가 있다는 이유로 고용노동부로부터 법외노조 통보를 받은 전교조는 문재인 정권 1년 반이 지난 지금도 법외노조로 남아 있다.

유 장관은 과도한 사교육을 방지하기 위해 유치원과 초등

1~2학년의 방과 후 영어교육을 허용하는 것이라고 말한다. 하지만 그것은 초등 3학년부터 시작되는 영어교육 과정을 위반하는 선행학습을 정부가 앞장서서 공식화한 행위이기도 하다. 사립유치원 비리 사태로 다시 드러났듯이, 공공성을 실현하는 장이자 배움의 터가 되어야 할 교육 현장이 사적 이익을 창출하기 위한 수단으로 전락한 지 오래다. '이익은 사유화, 손해는 사회화'라는 신자유주의의 구호처럼, 교육의 공공성은 오로지 국가 지원금을 받을 때만 적용되고 교육 현장은 이미 오래전에 반교육적 경쟁의 아수라장이 되어버렸다. 이제는 그만 암울한 현실에서 벗어나 교육 공공성이라는 기본원칙에서 길을 찾아야 한다.

70년 적폐가 어떤 사회 부문보다도 심하게 쌓여 있는 교육 부문에서 이렇게 어려운 과제를 해결하려면 교육의 공공성을 지향하는 시민사회 세력과 공조하는 것이 마땅하다. 하지만 정부는 오히려 이들을 배제하고 사익 추구 집단에 휘둘려서 단기적 처방을 내리는 데만 급급하다. 청와대에 교육문화수석을 두지 않은 문재인 정권에 공교육 정상화의 의지와 이를 관철할 사령탑의 필요성에 대한 인식이 있기나 한지 의문을 품는 것이 나만은 아닐 것이다.

대한민국이 민주공화국이라면 공교육의 일차적 소명은 국민을 민주공화국의 시민으로 길러내는 것이다. 그리고 민주 시민의 요체는 주체성, 비판성, 연대성에 있다. 이는 '자유로운 시민이 공동선·공익을 목표로 하는 사회로서, 법의 권위가 지배하는 국가'라는 민주공화국의 보편적 개념 규정에 따른 것이다. 또 앞으로 자본주의사회를 살아갈 구성원에게는 자본주의에 관한 교육, 특히 노동 인권에 관한 교육이 주체성과 비판성뿐만 아니라 연대성 함양을 위해서도 필수적이다. 주체성 없는 자유로운 시민은 형용모순이다. 연대성이 없으면 공동선·공익을 추구할 수 없고, 비판성이 없으면 법의 권위가 아닌 권위주의적 권력과 금력이 지배하게 된다. 민주공화국의 구성원은 민주적 공간인 학교에서 이 세 가지 요체를 함께 배우고 익힌 다음 각자의 자질과 능력에 따라 사회에서 자기 직분을 가져야 한다.

문제는 우리 공교육이 경쟁 지상주의에 압도되어, 주체성, 비판성, 연대성은 형성하지 않고, 기능적인 능력만으로 학생들을 서열화하는 과정이 되어버렸다는 점이다. 간디는 일찍이 7대 사회악으로 '원칙 없는 정치', '노동 없는 부', '양심 없는 쾌락', '인격 없는 지식', '도덕 없는 상업', '인간성 없는 과학', '희생 없는 신앙'을 꼽았다. 우리 공교육은 특히 '인격 없는 지식'과 '인간성 없는 과학'에 직접적인 책임이 있다. 우리의 교육 현장은 배움의 터가 아니라 경쟁의 장이다. 아무에게나 물어보자. 학교에 왜 가냐고? 주체성, 비판성, 연대성을 함양하기 위해서라고 대답할 사람이 누구이며, 경쟁에서 앞자리를 차지하여 상위권 대학에 가기 위해서라고 대답하지 않을 사람이 누구인가? 이 경쟁의 과정에서 인격이나 인간성은 설자리가 없다.

학종(학생부종합전형)에 대한 불신이 커지면서 수능 상대평가의 공정성과 투명성을 주장하는 게 최근의 민심 동향이라고 한다. 이것이 문재인 정권이 교육 공약을 후퇴시킨 이유라고도 한다. 그러나 민심을 핑계 삼아 공약을 후퇴시키기 전에 설득을 시도하는 것이 '원칙 있는 정치 지도자'의 모습이다.

그러면 수능은 공정한가? 공정하다면 어떻게 공정한가? 석차와 등급을 주기 위해 왜곡한 학문 위에 공정성이 무슨 의미를 가질까? 잠시 생각해보자. 학생의 국어 능력, 사회를 보는 눈, 역사를 보는 안목을 어떻게 평가하여 석차와 등급을 정확히 매긴다는 것인가? 우리 학생은 사회를 비판적으로 보는 눈을 뜨는 대신 거기 필요한 참고사항을 암기하는 데서 멈추고, 역사를 보는 안목을 갖기 위해 생각하는 시간을 가지는 대신 거기 필요한 참고사항을 암기하는 데서 멈춘다. 노동자로 살아갈 구성원으로서 모의 노사협의 등을 통해 자신의 계급적 정체성을 인식할 기회를 갖는 대신 객관적 사실을 숙지하는 것에서 멈춘다. 왜냐하면 참고사항이나 객관적 사실에 대한 암기 여부로만 석차와 등급을 매길 수 있기 때문이다. 이와 같은 지식 암기 위주의 교육으로는 학생 각자가 '나'의 정체성에 대한 인식에서 출발하여(주체성), 사회를 비판적으로 바라보고(비판성) 이웃에 대한 공감 능력을 키워서 더불어 사는(연대성) 민주 시민으로 성장할 수 없다.

좋은 학벌을 획득한 사회 구성원이 경쟁에서 승리한 자로서의 특권 의식과 그때까지 들인 사교육비에 대한 보상 의식을 가진다면, 그렇지 못한 구성원은 패배 의식을 내면화하고 자긍심도 갖지 못하게 된다. 그리하여 운 좋게 부유한 집안에서 태어나고 머리도 뛰어난 사람이 연대성이나 공감 능력 없이 사회 귀족이 되어 군림할 때, 운 나쁘게 가난한 집안에서 태어나고 암기 능력도 떨어지는 사람은 상징폭력의 희생자가 되어 지배당하게 된다. 이것이 이른바 '공정한 경쟁'을 통해 우리 사회가 얻는 결과물이다. 문제는 여기서 끝나지 않고, 사회 각 부문에서 악화가 양화를 구축하는 현상이 일어난다. 사회적 책임 의식이 없는 사람일수록 자신의 개인적 가치를 성숙시키기보다는 권력에 기대거나 집단이기주의에 숨는 경향이 강하다. 우수한 학업 성적 덕분에 입신출세하여 사법부 수장까지 오른 양승태나 30대에 대공수사국장에 올랐던 김기춘 같은 인물의 지난 행적을 보라.

국공립대를 통합 네트워크화하고 이를 사립대에도 개방함으로써 대학서열화를 극복하고 공교육을 정상화하는 것이 우리의 장기적 과제라면, 단기적 과제는 학종에서 학생에게 스트레스를 주고 학부모의 경제력에 크게 의존하는 비교과 영역을 없애는 한편, 지식 암기 중심의 교실을 토론·실습·체험 중심으로 바꾸는 것이다. 그러면 학생의 인격이나 인간성을 함양할 계기가 조금이라도 열릴 것이다. 또 학업 성적이 뒤떨어지는 학생을 "너는 9등급이다!"라고 규정하는 것을 당연시하는 '지적 인종주의'의 반교육적, 반인권적 행태도 줄일 수 있다.

최근 서울 송파구의 한 중학교 학생들은 이란 출신 친구가 난민으로 인정받을 수 있도록 연대 활동을 열심히 펼쳤다. 오랜 친구 관계는 학생들을 이방인에 대한 공포에서 벗어나게 했다. 그에 비해 고등학교 이상의 교육을 받은 대다수 사회 구성원이 난민을 어떤 시선으로 바라보고 있는지를 돌아보면 인격과 인간성 그리고 연대성이 비어 있는 우리 교육의 모습이 반사되지 않는가.

2018. 10. 25.

# 고리를 끊어야 할 책임

문재인 대통령은 공약(公約)을 공약(空約)으로 만들곤 했던 역대 정치 지도자들의 타성에서 예외가 되기를 진심으로 바랐다. 대통령 취임 1년 3개월여가 지난 현재, 후보 시절 약속했던 교육 부문 공약은 거의 실종됐다. '2020년 최저임금 1만 원' 공약을 불이행했을 때와는 달리 이 문제에 대해서는 대통령의 사과나 유감의 뜻조차 듣지 못했다.

급기야 사교육걱정없는세상, 좋은교사운동, 참교육학부모회 등 교육 단체들이 나서서 8월 29일 '문재인 대통령 교육 공약 지킴이 국민운동'을 발족했다. 국가 행정을 총괄 지휘하고 집행하는 최고책임자이며 국가수반인 대통령의 약속을, 정부도 집권당도 아닌 힘없는 학부모와 교사가 지키겠다고 나서는 기이한 일이 벌어진 것이다.

문 대통령이 후보 시절 내놓았고 이제는 교육 단체들이 대신 지키겠다고 적시한, 교육 부문의 공약을 되짚어보자. 혁신학교의 전국적 확대, 자유학기제 확대, 초중고 문예체 교육 강화, 특목고의 일반고 전환, 2015 개정 교육과정에 따른 수능 절대평가 실시를 비롯하여 학생 맞춤형 학습을 위한 초중고 필수과목 최소화 및 선택과목 확대, 수시 수능최저학력기준 폐지 검토, 영유아 대상의 과도한 사교육 억제, 아동인권법 제정으로 적정한 학습 시간과 휴식 시간 보장 등이다. 경쟁의 늪에서 삶 자체가 피폐해지는 우리 학생들의 일상에 비춰보면, 최소한의 요구가 반영된 것이라 하겠다.

"당신네 나라는 혁명이 필요합니다! 어떻게 아이들을 그토록 학대할 수 있나요?" 거의 30년 전인데도 아직까지 귓가에 맴도는 말이다. 세 아이의 엄마인 그는 분노에 차서 모든 책임이 나에게 있는 것처럼 몰아세웠다. 프랑스에서 작은 기업을 경영하던 그녀는 서울에 출장을 왔다가 거리에서 아이들이 좀처럼 눈에 띄지 않는 것에 주목했다. 그리고 야간수업, 보충수업, 학원, 과외로 채워진 아이들의 일상에 관해 듣게 되었다. 우리에겐 충분히 익숙해진 일상이지만 그녀에겐 혁명이 필요한 수준이었다. 그녀는 아이들을 고통 속에 몰아넣으면서도 사람들이 무심하다면, 결국 사회 구성원 가운데 누가 고통을 겪어도 관심을 갖지 않게 될 거라고 했다.

그로부터 30년 가까운 세월이 흘렀다. 한국의 교육 현실은 경쟁이 더욱 치열해진 만큼 아이들의 일상은 더욱 힘들어졌다. 2030세대가 부모보다 가난한 첫 세대가 되면서 지난날 '필수'에 속했던 결혼, 출산, 양육이 '선택'도 아닌 '포기'가 되어버렸다. 그렇게 출산율 세계 최하가 되어버린 '헬조선'에서 교육혁명은 일어나지 않았다. 현실은 본디 '바꾸어야 할 현실'과 '받아들여야 할 현실'의 중간 어느 지점에 있어야 하지만, 한국은 모든 현실이 '받아들여야 할 현실'을 뜻할 만큼 변화 요구에 억압적인 사회라는 점이 작용했을 것이다.

이런 생각 때문이었든, 본디 불온한 탓이었든, 나에게 그려진 교육혁명의 유일한 가능성은 "도저히 못 참겠다!"면서 아이들이 학교 문을 박차고 거리로 온통 쏟아져 나오는 것뿐이었다. 그래야만 어른들이 제정신을 차리지 않을까 하는 기대감 때문이었다. 그런데 그것이 나의 꿈으로 계속 머물러 있던 중에 결코 일어나선 안 될 세월호 참사가 일어났고, 250명의 아이를 저세상으로 보내야 했다. 이후 문재인 정권이 들어서면서 경기도교육감 시절부터 혁신학교의 초석을 다진 김상곤 씨가 교육부 장관이 되었다. 많은 사람이 그랬듯이 나 또한 기대감을 갖고, '민주공화국의 학교를 위하여!'라는 제목의 글을 쓰기도 했다. 그로부터 1년여가 지난 오늘 '실종된 문 대통령의 교육 공약'을 주제로 글을 쓰면서 교육부 장관이 경질되었다는 소식을 들었다.

'문재인 대통령 교육 공약 지킴이 국민운동' 발족에 참여한 단체들은 그보다 하루 앞선 기자 회견에서 "'2022학년도 대입 개편 공론화'와 '학생부 신뢰도 제고 방안' 정책숙려제가 문 대통령이 공약을 지키지 않는 책임 회피 수단으로 전락했다"고 지적하고, "정책 결정의 책임을 시민에게 전가하는 정책숙려제를 거부한다"고 밝혔다. 또 "지금까지의 공론화가 교육적 가치와 비전에 대한 치열한 토론과 시민의 판단으로 이어지기보다, 상반된 의견을 봉합하는 수준의 결론을 내도록 하는 데 그쳤다"고 비판했다.

누구나 알고 있듯이, 교육 문제를 풀려면 장기적 안목과 철학이 뒷받침되어야 하고, 정책 입안과 집행에서 일관성이 담보되어야 한다. 문제는 단기적 대응과 처방에 치우친 정치로는(미디어 환경은 점점 더 이런 경향을 강화할 것이다) 애당초 교육 문제에 답을 기대하기 어렵다는 점에 있다. 다시 말해 장기적 해결 과제인 교육 부문과 단기성에 머문 정치 사이에 엄청난 비대칭성이 있고, 이 비대칭성은 가령 '선출되지 않은 행정(교육부 관료)'이 '선출된 정치(국민이 선출한 대통령이 선택한 교육부 장관)'를 장악할 수 있게 한다.

개혁 방향의 일관성을 담보할 철학이 없고 정치적 힘이 작용하지 않는 '공론화'와 '정책숙려제'는 '공론'과 '숙려'라는 이름을 빌렸지만, '행정' 차원에서 크게 벗어날 수 없다. '공론화'가 수능 정시 확대와 상대평가, 특목고·자사고의 경쟁률 제고와 혁신학교 방향 차단 등 문 대통령의 교육 공약과 정면으로 충돌하는 결과를 낳은 것은 놀라운 일이 아니다. 이러한 점은 정책숙려제 2호 안건으로 올라갈 '유치원 방과 후 영어 학습 금지 개선안'에 관해 김영식 좋은교사운동 대표가 "사교육을 잡지 못하는 현실에서 값싼 공교육인 유치원 방과 후 영어교육을 허용하되, 교육부가 어느 정도 가이드라인을 만드는 정도로 끝날 것"이라고 말한 데서도 확인된다.

요컨대 건실한 교육철학과 이를 밀고 나갈 정치적 힘이 관건이다. 교육 관련 토론에서 핀란드의 예가 자주 나오는데, 그들은 집권 세력이 바뀌어도 교육개혁의 일관성을 지켰다는 점을 놓쳐선 안 된다. 핀란드에서는 합리적 보수와 건전한 진보의 경쟁 덕분에 그런 일이 가능했다면, 우리는 분단 체제 아래에서 수구적 보수가 막강한 정치 세력이 되면서 서로가 서로를 극복해야 하는 관계로 자리매김되었다는 차이가 있다. 적폐 세력이 교육개혁에도 가장 큰 걸림돌이었던 셈이다. 이제 그들이 약해졌음에도 그 관성과 자성은 곳곳에 강하게 남아 있다.

양승태 대법원의 온갖 사법농단이 밝혀진 오늘날까지도 전교조 불법화 행정명령을 취소하라는 목소리는 외면당하고 있다. 아직도 때가 되지 않았다는 것인가. 집권 여당 대표는 대표가 되자마자 '4·19에 의해 무너진' 이승만과 '4·19를 무너뜨린' 박정희를 참배했다. 교육부 장관과 총리를 지낸 집권당 대표가 "4·19 이념을 계승한다"는 헌법의 정신을 배반하는 행동을 마다하지 않는 마당에, 교육철학은 무슨 헛소리인가. 도대체 이런 땅에서 학생들에게 무엇을 가르치겠다는 것인가. 그럼에도 뜻있는 소수 사람에겐 학부모와 교사의 절절한 목소리가 들려야 하지 않겠는가.

"누군가는 반문할 것입니다. '힘 있는 정치권력이 그렇게 결정했는데, 힘없는 당신들이 무엇을 한다는 말인가?' 그래도 우리는 포기하지 않을 것입니다. 왜냐하면 우리는 아이들의 부모들이요, 선생들이기 때문입니다. 우리 어른들의 잘못으로 이 고통이 지속되었으니 우리의 힘으로 이 고리를 끊어야 할 책임이 있기 때문입니다. 우리가 지금 이렇게 나서는 것은 정치인들이 그토록 자주 말하던 국가 발전을 위함이요, 죽어가는 우리 아이들의 생명을 지켜주고자 함입니다. 정치권력이 잘못된 결정으로 저 힘없는 아이들을 버렸다 해도, 우리는 이 아이들을 결코 버릴 수 없고 이 아이들 곁을 지켜야 합니다."('문재인 대통령 교육 공약 지킴이 국민운동' 발족문에서)

2018. 8. 30.

# 민주공화국의 학교를 위하여

분단 그리고 전쟁 때문이었다. 우리가 1945년 해방과 함께 새로 건설할 나라의 아이들에게 어떤 교육을 펼칠 것인지를 놓고 교육자, 학부모, 학자, 정치인 등 전 사회 구성원이 참여하는 토론의 장을 갖지 못한 것은. "교육은 백년지계"라는 말에 걸맞게, 새 학교는 어떤 모습이어야 하는지, 학습 내용과 방식은 어떤 것이어야 하는지 등에 대해 심층적인 토론이 있었어야 마땅했다.

각국의 민주주의 성숙도가 '민의 성숙' 정도, 즉 '민주 의식의 성숙' 정도에 따라 규정된다면, 여기에 학교교육만큼 막중한 영향을 미치는 게 없기 때문이다. 그러나 분단과 전쟁은 식민지에서 막 벗어난 사회 구성원들이 이 중대한 주제와 만날 기회를 없애버렸다. 그리하여, 일제 부역 세력을 청산하지 못했듯이, 일제강점기의 학교 구조와 교육 방식을 그대로 답습하게 되었고, 이에 대한 문제의식조차 찾기 어려울 만큼 익숙해져버렸다. 가령 우리 학교의 원형이 군사학교라는 점을 인식하고 있는 교사와 학부모 그리고 학생이 과연 얼마나 될까?

우리는 익숙해지는 것에 대해 경각심을 가져야 한다. 좋은 대상에 익숙해지면 권태나 싫증을 느끼고, 나쁜 제도에 익숙해지면 별 저항 없이 더 나쁜 제도를 받아들이게 되며, 우리를 둘러싼 공간에 익숙해지면 그 공간에 대한 판단력을 잃게 된다. 갑오개혁과 함께 우리나라 최초의 소학교가 서울 북촌에 세워지고, 고종에 의해 '소학교령'이 반포된 것이 1895년의 일이다. 이때가 근대식 학교의 공식적인 시발점이었던 셈이다. 5년 뒤인 1900년에 우리나라 최초의 관립중학교가 역시 북촌에 세워졌다. 그리고 다시 5년 뒤에 을사늑약이 있었고, 또다시 5년 뒤에 조선이 망했다.

그리고 35년 동안 일제강점기가 지속됐다. 요컨대, 우리가 별생각 없이 받아들이는 학교의 기본 틀이 군국주의 일제강점기에 정착됐다는 뜻이다. 학교의 교실과 운동장 사이에 권위의 구조물처럼 우뚝 서 있는 구령대가 군사학교의 사열대라면, 학생들이 도열하는 운동장은 연병장이고, 경비실은 위병소다. 이런 학교는 '군국주의 일본'의 학교이지, 민주공화국의 학교일 수는 없다.

우리 헌법 제1조는 "대한민국은 민주공화국"이라고 말한다. 그렇다면 대한민국 공교육의 일차적 소명은 대한민국의 국민을 민주공화국의 구성원으로 형성하는 것이다. 이 소명에 맞게 학교가 제도와 구조 그리고 학습 방식에 이르기까지 완벽하게 달라졌어야 마땅했다. 그러나 분단과 전쟁으로 시기를 놓치면서 70여 년의 세월을 흘려보냈다. 박근혜 정권의 속살이 드러나고 일제 부역에 뿌리를 둔 수구 세력이 약해지면서 문재인 정권이 탄생했다. 이제야 '민주공화국의 학교' 건설을 제기할 기회가 찾아온 것이다.

그것은 구령대를 허무는 일에서부터 시작될 수 있을 것이다. 최근 신설되는 학교에는 구령대가 세워지지 않는 경우도 있지만, 여전히 많은 학교에 구령대가 남아 있다. 그래서 구령대를 허무는 일은 학교를 민주적인 공간으로 만들기 위한 첫걸음이다. 민주공화국의 학교는 민주 시민을 길러내는 곳이지 신민이나 사병을 양성하는 곳이 아니기 때문이며, 학생들이 민주적인 공간에 있어야 민주주의를 '습(習, 익힘)'할 수 있기 때문이다. 그리고 교사회와 학생회를 법제화하여 학교 운영의 의사결정 주체가 되도록 해야 한다. 교육의 세 주체인 학생, 교사, 학부모가 학교 운영의 주체가 되어야 하기 때문이다. 교장이 누구인가에 따라 학교가 달라진다는 것은 비민주성의 반영이기 때문에 교장임용 제도는 없애야 한다.

민주공화국으로 규정된 나라의 학교와 교실에서 일제강점기에 자리 잡은 전체주의의 유제를 하나하나 없애는 것은 매우 중요하고 어려운 과제다. 특히 주입식 암기 교육을 글쓰기와 토론으로 바꾸는 일이 시급하다. 인간과 사회에 관한 공부에서 학생 각자가 논리에 기초해 '나'의 생각을 고민하고 정리하고 피력하는 과정으로 필수적인 것이 글쓰기와 토론이다. 이 두 가지가 빠져 있다면 인문사회과학을 공부한다고 말할 수 없다. 학생들에게 사유를 하게도 논리를 갖추게도 하지 않기 때문이다. 심각한 문제는 또 있다. 사유하지 않았다면 의식 세계는 비어 있는 편이 차라리 낫다. 하지만 우리나라 학생들의 경우 사유하지 않았는데도 의식 세계는 충만하다. 주입된 것이 많기 때문이다. 학생에게 암기가 요구되는 내용이 '객관적 진리로 포장된 지배 세력의 관점 또는 지배 이념'이 아니라고 장담할 수 있을까? 자신의 처지나 정체성과 동떨어진 의식 세계를 갖고 그것을 고집하는 서글픈 존재들이 양산되는 배경이다.

　여기서 글쓰기와 토론이 주입식 암기 교육과 어떻게 다른지 좀 더 살펴보자. 글은 누가 쓰나? 학생 각자가 쓴다. 토론은 누가 하나? 학생 각자가 참여한다. 글쓰기와 토론에는 '나'가 있다. 교실에서 학생 각자가 글쓰기를 하고 토론에 참여하는 일상 자체가 주체화의 과정인 반면, 받아쓰고 숙지하는 과정은 대상화의 과정이다. 모든 학생에게 똑같은 내용을 주입하는 과정에 '나'는 없다. 그런데 '나' 없이 인간과 사회에 관한 학문이 가능한 곳은 전체주의 사회다. '나'에는 남자도 있고, 여자도 있고, 성소수자도 있고, 이주노동자의 아이도 있다. 가난한 사람, 부자인 사람, 농촌 사람, 도시 사람, 섬사람도 있다. 이렇게 서로 다른 '나'들이 각자의 처지와 정체성을 바탕으로 인간과 사회에 관한 물음에 자신의 생각과 논리를 가져야 하고 견해를 피력해야 한다. 그런데 '나'가 없다고? 다시 강조하건대, 그건 인문사회과학이라고 할 수 없다.

토론 수업을 강조하는 혁신학교의 지향은 백번 옳다. 그러나 아직 부족하다. 글쓰기와 토론이 인문사회과학 공부의 일상이 되어야 하지만, 아직은 양념처럼 곁들이는 정도에 머물고 있어서다. 결국 우리는 대학 서열 체제에 대해 엄중히 숙고해야 한다. 실제로 교육에 관심을 갖고 있는 사회 구성원은 대학 서열 체제가 문제의 핵심이라는 점을 잘 알고 있다. 그런데 이 문제가 극복되기 어려운 것은 대학 서열 체제가 전체주의적 주입식 암기 교육과 찰떡궁합의 관계를 맺고 있어서다. 글쓰기와 토론을 통해서는 대학 서열 체제가 요구하는 학생 줄 세우기가 어려운 반면, 암기 교육으로는 아주 수월하기 때문이다. 그런데 인문사회과학은 애당초 학생을 줄 세울 수 있는 학문이 아니다. 줄 세우기 위해 학문을 왜곡하고 있을 뿐.

실상 대학 서열 체제는 적잖은 교육자와 교사의 불성실에 방패막이가 되어준다. 그들은 "문제를 알고 있지만 대학 서열 체제가 바뀌지 않는 한, 다른 도리가 없다", "학교 현실을 알지 못하는 이상론이다" 등의 반응을 보인다. 하지만 학문을 왜곡하는 행위를, 그것도 학생들을 가르치는 교실에서 계속 행할 것인가. 그렇다면 다음 악순환의 고리는 어떻게 끊을 수 있을까? '제도적 굴레인 대학 서열 체제는 학생들에게 줄 서기를 요구함으로써 교육 주체를 주입식 암기교육의 굴레에서 벗어나지 못하게

한다 → 주입식 암기교육은 비판적 안목을 갖지 못하게 한다 →
비판 의식을 갖지 못한 사회 구성원은 대학 서열 체제와 같은 차
별 체제에 맞서는 대신 복종한다.'

　우리는 잘 알고 있다. 많은 사회 구성원이 능력만 되면 한국
을 떠나려 한다는 것을. 대부분은 자녀 교육 문제 때문이라는 것
을. 그만큼 교육의 세 주체가 모두 고통받고 있다는 것을. 여기
에 학문까지 왜곡되고 있다고 덧붙여야 할 것이다. 민주공화국
에 걸맞은 학교 건설이 문재인 정부의 중요한 과제로 인식되기
바란다.

2017. 6. 1.

4부

———————— 가슴엔 불가능한 꿈을 안고

# 가난의 대물림과 정치

장발장은행으로부터 대출받게 되었다는 소식을 전한다. 전화기 너머의 신청자는 울음을 터뜨리고, 한동안 말을 잇지 못한다. 그 복받쳐 오르는 설움의 정체는 무엇일까? 그들은 단순 절도 등으로 200만~300만 원의 벌금형을 받았다. 하지만 그만한 돈이 수중에 없고, 가족이나 친지에게서 빌릴 처지도 못 된다. 그만큼 경제적 기반도 없고 사회적 관계망도 열악한 사람들인 것이다 (장발장은행은 지금까지 863명에게 총 15억 2700만여 원을 대출해주었다. 재원은 8751명의 개인, 단체, 교회, 성당이 보내준 11억 5000만 원의 성금이다). 2년 전부터 집행유예제, 연납제 등이 시행됐음에도 매년 3만 명이 넘는 동시대인이 벌금을 내지 못하고, 교도소에 갇힌다. 우리는 21대 국회에서 현행 총액벌금제가 일수벌금제(수형자의 소득이나 재산과 연동된다)로 바뀌어 은행 문을 닫을 수 있기를 바라지만, 현실 정치의 주역 대부분은 가난한 사람들에게 관심이 없다.

장발장은행은 교도소에서 몸으로 때울 처지도 못 되는 사람, 예컨대 돌봐야 할 어린 자식들이 있는 사람에게 우선적으로 대출해준다. 그때마다 뇌리를 떠나지 않는 것은 '그 어린 자식들에게는 어떤 장래가 예정되어 있을까?'라는 물음이다. "어느 집안에서 태어났는가가 삶을 결정해버리는 사회, 끔찍하지 않습니까"(『진보집권플랜』)라는 말이 반어법이 아니라는 점을, 이 말의 발화자가 '기회의 사재기', '스펙 품앗이' 등을 통해 손수 보여주지 않았던가. 가난이 곧 죄인 사회 그리고 이 죄가 대물림되는 사회에서, 그 어린 자식들은 새벽 4시에 6411번 버스를 타야 하는 투명인간의 처지에서 벗어날 수 있을까? 세태를 빗대어 덧붙이자면, 그들은 유력 정치인의 비서 자리도 기대하기 어려운 한편, 가진 자들의 '갑질'에 부단히 시달려야 할 것이다.

교육을 통한 계층 상승의 기회가 있지 않느냐고? 사실 '교육은 재생산을 합리화하는 과정'에 지나지 않는다. 하지만 이러한 비판적인 인식이 결여되어 있는 한국 사회에서는 오히려 '기회의 평등'이라는 말이 그럴듯한 수사로 받아들여진다. "개천에서 용 나던 시절"의 잔영이 아직 남아 있는 덕분이다. 일제가 망하고 분단과 전쟁을 겪으면서 90년대까지는 사회 상층에 빈자리가 생긴데다 경제 규모가 커지면서 괜찮은 일자리가 급격히 늘어나 서민 출신도 끼어들 틈새가 컸다. 이른바 '586세대'가 특혜 세대가 된 사회경제적 배경이다. 하지만 지금은 상황이 전혀 다르고 앞으로는 더욱 달라질 것이다. 우리가 놓치면 안 되는 것은 그런 시대가 다시 오지 않으리란 점이다. 조귀동은 저서 『세습 중산층 사회』('90년대생이 경험하는 불평등은 어떻게 다른가'라는 부제가 달렸다)에서 오히려 한국 사회의 계층(세습)화가 거의 완성 단계에 이르렀음을 보여주었다.

"글로벌 금융위기 이후 한국 경제의 질적 발전이 둔화되어 '번듯한 일자리'가 줄고 있다. 이 가운데 부모의 경제력뿐만 아니라 사회적 네트워크와 문화자본을 바탕으로 '명문대 졸업장'과 '좋은 일자리'를 독식하고, 근로소득만으로는 살 수 없는 '비싼 주택'을 소유한 세습 중산층이 나타났다."

"노력은 실력이 아니라 계층이다!"

앞으로 '명문대 졸업장', '좋은 일자리', '비싼 주택' 소유와 더불어 세습에 따른 계층화는 더욱 공고해질 것이다. "지배계급의 재생산은 일정 부분 문화자본의 전달에 종속되는데, 문화자본은 병합된 자본이라는 고유성을 가지며, 따라서 십중팔구 타고나는 것"(피에르 부르디외)이라면 더욱 그러할 것이다.

이런 상황에서 현실 정치는 수구 세력과 자유주의보수 세력 간의 쟁투로 활기를 띤다. 공히 바깥의 적을 상정해 안을 결속시킨, 반북 국가주의자들과 반일 민족주의자들 간의 싸움이기는 하지만, 속된 표현으로 이렇게 바꿔 말할 수도 있을 것이다. 어제까지 아주 좋았는데 오늘은 그런대로 괜찮은 세력과, 어제까지 그런대로 괜찮았는데 오늘은 아주 좋은 세력 간에, 더 좋은 내일을 놓고 다투는 장이라고. 이 다툼의 장에서는 '올바른 정치'를 경쟁하기보다 '누가 더 나쁜가'를 따지고 폭로하는 일이 주가 된다. 그들의 눈에 가난의 대물림이라는 질곡 속에서 어제도 오늘도 내일도 희망이 없는 '이생망'의 존재들이 보이지 않는 것은 당연하다. 그 대신 조국 사태로 함께 동굴에 갇힌 진영과 논리들, "지적 오만함은 파벌적일 때 가장 치명적이다"(마이클 린치의 『우리는 맞고 너희는 틀렸다』)를 시연한 '빠'와 '양념'의 정치들, 검찰과 언론을 둘러싸고 벌어지는 공작 정치의 소음들만 가득하다. 정치 현상의 놀라운 과잉에 비해 정치는 실종되었고, 그리하여 사회는 보듬어지기는커녕 갈기갈기 찢기고 있다.

가난한 자를 위한 민생정치의 가능성이나 실마리는 청와대나 국회가 아닌 경기도에서 찾아야 할 듯싶다. 경기도는 지난 21일 하남·과천·안산에 조성될 수도권 3기 새도시에 소득, 자산, 나이의 제한 없이 무주택자라면 누구나 30년 이상 거주할 수 있는 '경기도형 기본주택'을 역세권을 중심으로 공급하겠다는 방침을 발표했다. 이를 보도한 〈한겨레〉 1면을 보고 떠오른 사례가 있다. 프랑스의 알리에 도(道)를 비롯한 곳곳에서 과거 영주가 살던 샤토(성)를 저임대료공공주택(HLM)으로 개조한 일이다. 1만 명 이상의 주민이 사는 지자체는 공공임대주택의 비율을 20퍼센트 이상으로 유지해야 한다는 법에 따른 조치였다(현재 한국의 공공임대주택 비율은 6퍼센트 수준이다). 그 이튿날인 22일에 이재명 경기지사는 "경기도가 공공 부문만이라도 정규직보다는 비정규직에게, 비정규직 중 고용 기간이 짧

을수록 더 많은 보수를 지급하기로 했다"고 밝혔다. 그는 페이스북을 통해 "같은 일을 한다면 직장이 안정적인 노동자와 불안정한 노동자 중 누구에게 더 많은 임금을 주어야 할까요?"라고 묻고, "우리는 비정규직이라는 이유로 불안정한 노동자에게 보수를 오히려 덜 주어 중복 차별을 한다"고 말했다. 경기도와 소속 공공기관에 직접 고용된 기간제 노동자 2094명이 수혜 대상이라고 한다. 관계자는 "최소 5퍼센트를 기준으로 프랑스의 불안정 고용 보상 수당 지급 사례를 참고해 최대 10퍼센트를 적용하는 방안이 적정하다"고 밝혔다.

이제 계층 상승의 길은 막히고, 양극화는 심해지는 가운데 지난날의 낙수효과도 사라졌다. 대물림되는 이 땅의 가난은 어떻게 살아갈 것인가. 신자유주의가 발호하면서 너덜너덜해졌다지만, 그래도 남아 있는 유럽의 사민주의 정책의 잔해가 한국 현실 정치에 기대할 수 있는 최대치인가.

2020. 7. 23.

# 기억을 간직한다는 것

〈한겨레21〉 최근호(1196호)에 '1968 꽝남 대학살' 특집 기사가 실렸다. 표지 사진이 섬뜩했다. 반세기 전 한국군의 총과 수류탄에 어머니와 어린 누이들을 비롯해 가족 19명을 한꺼번에 잃은 69세의 레탄응이 씨가 표지 모델이다. 〈한겨레21〉은 한베평화재단과 공동 기획으로 세 차례에 걸쳐 '1968 꽝남! 꽝남!' 기사를 연재한다. 이번호엔 '1968 꽝남대학살 지도'와 함께 희생자들을 추모하고 싶어 하는 한국인들을 위한 '꽝남 순례길 1코스'를 소개하고 있다.

1999년에 〈한겨레21〉 베트남 통신원으로 활동하면서 '미안해요 베트남' 시리즈를 연재했던 구수정 박사(현재 한베평화재단 상임이사)에 따르면, 한국군은 베트남에서 80여 건의 민간인 학살을 저질렀으며, 꽝남성에서만 4000여 명을 비롯하여 총 다섯 개 성에서 9000여 명을 희생시켰다고 한다. 고경태 〈한겨레〉 기자는 『1968년 2월 12일: 베트남 퐁니·퐁넛 학살 그리고 세계』

(서문에서 "기록하려는 열망으로 시작했다"고 밝혔다)에서 "한국군 해병대원들이 젊은 여성을 발가벗겨놓고 유방을 도려내 죽였다는 소문"에 관해 기록한 뒤에 이렇게 썼다.

"1948년 제주 4·3 사건으로부터 20년이 흐른 뒤였다. 1980년 5월 광주항쟁을 12년 남겨둔 때였다. 1968년 2월 12일의 베트남은 제주와 광주의 중간에 놓였다. 그날 오후 2시께, 퐁니·퐁넛촌에서는 제주 4·3 사건의 시간이 재현되었다. 5월 광주의 시간이 흘렀다. 19살 처녀 응우옌티탄은 옷이 벗겨진 채 논바닥에 쓰러져 신음했다. 두 가슴은 난도질당해 피가 흘렀다. 왼쪽 팔도 마찬가지였다. 20년 전 제주에 들어온 토벌대원들처럼, 12년 뒤 광주에 투입될 공수부대원들처럼, 마을에 들어온 해병대원들은 포악했다. 과거의 토벌대원들과, 미래의 공수부대원들과, 오늘의 해병대원들은 생김새가 닮았고 같은 언어를 썼다…."

한국은 1964년부터 1973년까지 한 번에 최대 5만 병력을 베트남 전장에 파견했다. 미국 이외 파병국가인 오스트레일리아, 뉴질랜드, 스페인, 태국, 필리핀, 대만 전체 병력의 세 배에 이르렀던 한국군은 전쟁 기간에 총 32만여 명의 병력이 베트남 땅을 밟았다. 한반도와 베트남은 중국의 오랜 영향 아래 한자문화권이 되었다는 점 이외에도 닮은 점이 많다. 19세기 서세동점(西勢東漸)과 함께 식민지가 되었고, 일제 패망 이후 각각 38도선과 17도선을 기준으로 분단되었다. 강대국 사이에서 냉전의 볼모가 되어 동족끼리 전쟁을 치른 것까지 닮았다. 두 전쟁 모두 미국이 개입했는데, 한국전쟁이 '승자 없는 전쟁'으로 분단 상태를 지속시켰다면 베트남은 통일되었다는 차이가 있다. 이 차이는 어디서 비롯되었을까? 호찌민이라는 걸출한 지도자, 베트남 역사에 면면히 흐르는 항쟁 정신, 이념의 차이를 녹여준 마을 공동체 의식 등을 말할 수 있겠다. 하지만 베트남에는 밀림이 있는 대신 한반도에는 혹독한 겨울이 있다는 자연 조건의 차이가 가장 중요했을지도 모르겠다.

『백년의 급진』의 저자인 중국의 원톄쥔은 세계를, 식민종주국인 유럽, 식민화된 대륙인 미주와 오세아니아와 아프리카의 절반, 원주민 대륙인 아시아의 셋으로 나눈다(〈녹색평론〉 2018년 1·2월호). 같은 아시아의 원주민이면서 원한 관계가 없는 베트남의 땅을 한국군은 왜 군홧발로 짓밟았을까? 지금은 70세를 넘겼지만 반세기 전에는 팔팔했던 젊은이들은 부산항을 떠난 수송선이 동남중국해를 지날 때 시꺼먼 밤바다를 바라보면서 외로움과 두려움에 떨기도 했을 것이다. 그중 5000여 명은 살아 돌아오지 못했고, 1만여 명은 부상을 당했으며, 고엽제 후유증으로 고통받는 이가 2만 명을 넘는다. '추악한 전쟁'이었다.

케네디 대통령이 국방장관으로 발탁한 로버트 맥나마라는 베트남에 대한 군사 개입을 추진·확대했으며, 전쟁을 정당화하는 일에 전력을 다했다. 그는 1995년에 펴낸 회고록 『베트남전쟁의 비극과 교훈』에 이렇게 썼다. "우리는 잘못했고, 끔찍하게 잘못했다. 우리는 다음 세대에게 왜 이런 잘못을 저질렀는지 설명할 빚을 안고 있다." 한국에선 아직 이런 발언을 찾기 어렵다. 민간인 학살이 있었다는 것조차 공식적으로는 인정하지 않고 있다. 베트남전쟁이 '자유 세계 수호를 위한 전쟁'으로 계속 남아야 하기 때문이다. 박근혜를 촛불 시민의 힘으로 감옥에 보낸 오늘도 베트남전쟁에 관해서만은 박정희 정신이 아직 팔팔하게 살아 있는 것이다.

실제로 베트남 참전 최고의 수혜자는 박정희였다. 베트남이 통일된 날인 1975년 4월 30일보다 3주 앞서, 한국에서는 인혁당 재건위 관련자 여덟 분이 처형당했다. 유신 체제는 공고하여 긴급조치 위반자는 고문받고 투옥되었다. 베트남전쟁이 한창이던 1968년 1월 21일 북한은 박정희를 제거할 목적으로 김신조 등 특수부대원들을 내려보냈다. 북베트남의 1968년 1월 뗏(구정) 공세에 맞춰서 전선을 확장할 목적이었는지는 확실치 않지만, '1·21 사태'는 오히려 박정희 체제를 더욱 강력하게 하는 계기가 되었다. 주민등록법 시행, 예비군 창설, 고교와 대학교에서의 교련 실시로 국민 통제와 학원 병영화가 착착 실현되었다.

"전쟁은 사랑의 적입니다!" 2000년부터 꽝남성 등 민간인 학살 지역을 중심으로 의료 지원 활동을 펴온 '베트남평화의료연대(평연)'의 송필경 원장(치과의사)은 『왜 호찌민인가』에서 베트남의 국민 시인 타인타오의 말을 소개한다. "당시 대부분의 남자들은 고등학교를 졸업할 나이인 17~18세가 되면 입대했는데, 생존율이 10퍼센트도 채 되지 않아 이성을 만나지도 못한 채 산화했다"는 것이다. 그러나 박정희에겐 모든 전쟁(중일전쟁, 2차 대전, 한국전쟁)이 그의 욕망을 실현할 기회였다. 베트남전쟁도 마찬가지였다. 2차 대전에서 패망한 일본이 한국전쟁 특수로 재건의 기회를 얻었듯이, 베트남전쟁 특수와 뒤이은 중동 건설 경기로 박정희는 "잘살아보세!"라는 구호 속에 물질을 담을 수 있었다. 남북한의 경제 수준과 생활수준은 70년대를 지나면서 역전되었고 박정희는 종신 대통령이 될 판이었다.

남의 불행 덕분에 기름진 삶을 누리게 되면 그 불행을 외면하고 싶을 것이다. 일본이 '위안부' 문제를 외면하듯이, 우리가 일본에 요구하는 진실과 정의의 거울로 베트남 민간인 학살을 응시하려 하지 않는 것. 정부 차원의 사과는 2001년 김대중 대통령의 "불행한 전쟁에 참여해 본의 아니게 베트남인들에게 고통을 준 것에 대해 미안하게 생각하고 있다"는 발언에 머물러 있다. 1985년 종전 40주년을 맞아 독일의 바이츠제커 대통령은 이렇게 말했다. "이제 새로운 세대가 정치적 책임을 질 수 있을 정도로 성장했습니다. 우리 젊은이들이 40년 전에 일어난 일에 책임이 있는 건 아닙니다. 그러나 그로 인해 일어날 일에 대해서는 그들에게도 책임이 있습니다. … 우리는 기억을 간직하는 것이 왜 그렇게 중요한가를 젊은이들이 이해할 수 있도록 도와야 합니다."

고통의 깊이만큼 타자의 고통에 공감할 수 있는 걸까. 작년 9월, 1300회 수요집회에서 김복동 할머니와 길원옥 할머니는

"…한국 군인들에게 우리와 같은 피해를 당한 베트남 여성들에게 한국 국민으로서 진심으로 사죄드립니다"라는 메시지를 전했다. 한베평화재단(www.kovietpeace.org)은 청와대 앞에서 한국 정부의 사죄를 촉구하는 1인 시위와 함께 '만만만 캠페인'을 벌이고 있다. '만' 일의 전쟁, '만'인의 희생, '만'인의 연대…. 4월에는 베트남전 민간인 학살에 관한 '시민평화법정'도 열 계획이다. 부디 많은 시민들이 '만'인 대열에 참여하기를….

2018. 1. 18.

# 비대칭성의 무서움

요리 문화가 발달하려면 '지체 높은 분의 입'과 '풍부한 식재료'라는 두 가지 조건이 충족되어야 한다. 과연 동양의 중국과 서양의 프랑스에서 요리 문화가 발달한 것을 보면 틀린 말이 아니다. 절대 권력자인 황제 치하의 중국이 광활한 땅에서 나는 식재료가 풍부했듯이, 프랑스 또한 절대군주제가 유럽의 다른 나라에 비해 일찍 자리 잡은데다 대서양과 지중해 연안의 넓은 땅에서 나는 식재료가 풍부했던 것이다. 국내로 좁혀서 전주 지방의 요리 문화가 발달한 것도 이 두 가지 조건으로 설명할 수 있다.

오랫동안 언론 매체에서 만난 '기후변화'라는 말이 디스토피아 미래상이 아니라 눈앞의 현실로 다가온 듯, 폭염이 지속되는 때에 뜬금없이 요리 문화에 대해 말하는 것은 두말할 것도 없이 구중궁궐 청와대에서 송로버섯 얘기가 흘러나온 탓이다. 프랑스의 페리고르 지방에서 많이 나오고 '검은 다이아몬드'라고도 불리는 송로버섯은 거위 간, 철갑상어알(캐비아)과 함께 최고급 요리 재료로 알려져 있다. 최음 효과가 있어서인지 나폴레옹 1세와 마리루이즈 황후의 식탁에 자주 올랐다는 얘기도 있다. 그러니 21세기 자유무역 시대에 나라의 가장 높은 분께서 가장 총애하는 신료와 함께 그걸 즐겼다는 것이 무슨 대수겠는가. 그 정도의 일에 불만을 토로하는 것은 그를 대통령으로 뽑은 국민으로선 온당치 않은 일일 수 있다. 설령 자신은 '전기료 폭탄'이 두려워, 에어컨을 틀지 못한 채 어디서 이 지옥 같은 찜통더위를 피할지 전전긍긍할지라도 말이다.

다만 2014년 4월 16일이 뇌리에 각인된 탓인지, 그들은 고급 식재료에 대한 미감 능력은 있어도 세월호 유족의 슬픔과 괴로움에 대한 공감 능력은 없는지를 자꾸만 묻게 된다. 게다가 떡갈나무나 개암나무 숲의 지표면 아래 5~10센티미터 지점에서 자란다는 송로버섯을 하필이면 개나 돼지의 후각을 이용하여 찾는다는 점도 목에 걸린 가시처럼 속내 한구석을 계속 할퀴어 댄다. 왜 하필 개와 돼지인가? 교육부 고위 관료의 말처럼 배만 채우면 되는 개돼지는 보물을 찾아도 다만 냄새나 맡고 주인에게 바쳐야 한다는 뜻일까?

실상 동양이든 서양이든 민중은 그저 개와 돼지처럼 배만 채우면 되던 시절이 있었다. 특히 17세기에는 간빙기 속의 이상 저온 기후 때문에 동서양 모두 잦은 흉년에 시달렸다. 그때 일반 민중의 비참한 삶은 '추위'와 '배고픔'이라는 이름을 갖곤 했다. 루이 14세가 절대군주로 군림하던 프랑스의 17세기도 그랬던지,

1680년 무렵 양주 지방에 흉년이 들어 주민들이 평소에는 먹지 않던 고사리의 뿌리와 순으로 빵을 만들어 허기를 채워야 했다. 마을 사람들의 참상을 보다 못한 그랑데라는 이름의 마을 신부가 베르사유궁으로 달려갔다. 마침내 태양왕 루이 14세를 알현한 신부는 "우리 마을 사람들은 먹을 것이 없어서 이걸 먹고 있습니다"라면서 고사리빵을 왕에게 건넸다. 왕은 그 빵을 꾸역꾸역 먹어치우고는 이렇게 말했다고 한다. "짐이 맛있게 먹었다고 마을 사람들에게 전하라." 어안이 벙벙해진 신부, 더 이상 무슨 말을 하겠는가. 왕이 맛있게 먹었다는데…. 그는 타박타박 힘없이 돌아갈 수밖에 없었다. 그런데 그가 마을에 도착해보니 왕이 보낸 구호 곡물이 먼저 도착해 있었다고 한다. 어떤 이는 고사리빵을 맛있게 먹은 뒤 구호물을 보낸 루이 14세에게서 발터 베냐민이 말한 오라를 느낄 수도 있겠다.

그렇게 일반 민중이 개와 돼지처럼 배만 채우면 되던 시절, 높으신 분들의 심성 안에는 추위와 배고픔이라는 비참함에 대해 서양에는 기독교의 '긍휼', 동양에는 공맹사상의 '측은지심'이라는 것이 있었다. 지체 높은 분들 스스로는 추위와 배고픔을 겪지 않았어도 공감 능력은 갖고 있었던 것이다. 이제 추위와 배고픔이 사라진 만큼 세상도 좋아졌다. 그런데 그와 함께 긍휼과 측은지심도 엷어졌다. 물론 『레미제라블』을 쓴 빅토르 위고의 "온정, 시혜에 관해 사람들은 받는 쪽이 아닌 주는 쪽에서만 생각한다"는 말이나, 『주홍글씨』를 쓴 너새니얼 호손의 "온정과 오만은 쌍둥이"라는 말이 시사하듯, 온정과 시혜를 필요로 하는 사회보다는 그것을 필요로 하지 않는 사회가 더 나은 사회라는 것은 분명하다. 남의 온정과 시혜가 필요한 상황, 그것 자체가 이미 인간의 존엄성이 훼손된 상태를 의미하기 때문이다. 그래서 인간의 존엄성은 사적 온정과 시혜의 영역에서 공적 분배와 권리의 영역으로 확장되었고, 그 과정에서 노동자들은 노동삼권 등으로 자본주의사회에서 약자의 권리를 신장해왔다. 다시 말해, 비참하거나 고단한 민중의 삶에 대한 공감 능력이 엷어진 만큼 공적 분배와 권리가 확장되고 노동자의 권리 또한 신장되었던 것이다.

그렇다면, 공감 능력이 사라졌는데도 공적 분배와 권리는 경제협력개발기구 최저 수준이고, 노동자의 헌법적 권리는 하위 법률에 의해 왜곡·변질·배반되었다면, 노동자를 비롯한 사회적 약자의 삶은 '헬조선'의 그것에서 멀지 않은 것이 아닐까. 오늘날 노동자에 대한 구조조정과 정리해고, 임금 체불과 저임금, 손배 가압류와 블랙리스트는 과거의 추위나 배고픔과 같은 것이지만, 높은 사람들을 비롯하여 사회 구성원의 공감 능력은 사라지거나 엷어졌다.

최근 울산과학대의 청소노동자 아홉 명이 한 명당 8200만 원의 압류 처분을 받았다. 최저임금 수준인 임금을 인상해달라는 노동자들의 요구를 들어주지 않고 학교 밖으로 내쫓은 울산과학대 당국자와 2014년 6월부터 장기 농성 중인 그들에게 1인당 8200만 원의 압류 처분을 내린 사법부는 그 숫자가 노동자들에게 어떤 의미인지 셈해보기나 했을까?

헬조선은 숫자에 있다. 2015년 하루 평균 다섯 명이 산재로 사망하고 38명이 자살하는 통계 숫자에 여실히 있다. 유성기업과 갑을오토텍에 있고, 오늘로 318일째를 맞는 '삼성 직업병 문제의 올바른 해결을 촉구하는 반올림의 노숙 농성'이 열리는 강남역 8번 출구에 있으며, "팀원이 상을 당해 팀 전체가 하루 일을 쉬고 조문을 다녀왔더니 업체에서 이제 그만 나오라고 하더군요"라는 다단계 하청 구조의 밑바닥인 조선소 물량팀에 있다. 또 장래를 설계할 수 없는 흙수저 출신 청년들의 어깨 위에 있다. 그런데 놀라운 일은 그렇게 헬조선이 있는 동시에 없다는 것이다. 사회 현실 속에 분명 있는데도 이 사회를 지배하는 세력은 그것을 느끼지 않거나 느끼지 못하는 비대칭성, 어쩌면 이것이 가장 무서운 헬조선다운 헬조선의 면모일지 모른다.

폭염이 지속되는 거리에 나서니 모두 내부 열기를 바깥으로 뿜어내고 있었다. 차로를 메운 자동차들이 내부 열기를 바깥으로 내보내고 있었고, 아파트와 사무실도 내부 열기를 에어컨 실외기를 통해 바깥으로 뿜어대고 있었다. 사적 공간의 쾌적함이 태양의 열기로 가득한 공적 공간을 더욱 찜통지옥으로 만들었다. 내가 에어컨을 최대한 삼가기로 결심한 것은 전기료 폭탄 때문이 아니었다.

2016. 8. 18.

# 실질적 자유를 위하여

다음 달 초인 7월 7일부터 9일까지 서울 서강대학교 다산관에서 '기본소득지구네트워크(BIEN, Basic Income Earth Network)' 16차 대회가 열린다. 23개 나라에 지부를 두고 있는 기본소득지구네트워크는 1986년 첫 국제회의를 열었으며, 창립 30주년을 맞은 올해 아시아에서는 처음으로 서울에서 국제회의를 열게 되었다. 이번 대회의 주제는 '사회적·생태적 전환과 기본소득'이다. 인공지능 시대, 생태계 파괴로 대변되는 사회적·생태적 위기의 시대에 인간의 존엄성과 자연 생태계가 함께 존중받는 지구를 전망하고 모색하며, 그 현실적이고 적극적인 대안으로서 기본소득에 관해 논의하는 장이다.

지난 30년 동안 기본소득 담론을 제기하고 벼려온 이론가와 활동가가 참여하는 이번 대회의 주요 발표자 중에는, 내년부터 기본소득 실험을 실시할 예정인 핀란드의 경제학자이자 좌파연합의 얀 오토 안데르손, 기본소득이 인간에게 '실질적 자유'

를 가져다줄 것이라고 강조한 기본소득지구네트워크의 창설자인 벨기에의 필리프 판파레이스, 스위스의 기본소득 기획자로서 기본소득에 대한 국민투표 결과를 보고할 체 바그너, 캐나다 자유당의 기본소득 지지를 이끈 경제학자 에블린 포르제 등이 있다. 독일의 연방의원이며 좌파당 공동 대표인 카탸 키핑은 '기본소득이 민주주의를 강화한다'는 내용으로, 한국의 강남훈 교수는 '인공지능 시대의 기본소득'을 주제로 발표할 예정이다. 또 2014년부터 크라우드펀딩으로 일정한 사람들에게 1년간 매달 1000유로씩 기본소득을 지급하는 실험을 하고 있는 독일의 기본소득 시민운동 운영 책임자인 아미라 예히아와 2010~2014년 인도 마디아프라데시에서 실시된 기본소득 실험 프로젝트의 결과를 기록한 사라트 다발라의 발표도 예정되어 있다.

기본소득의 함의는 간단명료하다. 국가가 모든 주민에게 아무 조건 없이 일정액을 매달 지급한다는 것이다. 지난 6월 5일 스위스의 기본소득 국민투표는 77퍼센트의 반대로 부결되었다. 첫술에 배부를 수 없다. 직접민주주의 전통을 가진 스위스의 국민제안 제도 덕분에 기본소득을 헌법 개정안에 담았다는 점만으로도 큰 수확이라고 해야 할 것이다. 시선을 국내로 돌리면 지난 4·13 총선에서 녹색당이 월 40만 원, 노동당이 월 30만 원의 기본소득을 제시했는데, 두 당이 획득한 정당 지지율은 1퍼센트에도 미치지 못했다. 한국에서 기본소득 논의는 세계의 흐름에 비해 뒤처져 있는데, 이는 한국 민중의 생존 조건을 대변하는 정당이 취약한 정치 현실과 무관하지 않다. 지난 6월 20~22일 새누리당, 더불어민주당, 국민의당 대표들은 20대 국회 개원 연설에서 똑같이 '격차(불평등) 해소'를 강조했다. 하지만 바로 그 시간에 국회 앞에서 '최저임금 1만 원' 입법화를 요구하며, 단식 농성을 벌인 알바노조 위원장과 노동당 대표에게 눈길을 준 사람은 거의 없었다. 최저임금을 올리는 등 구체적인 조치 없이 어떻게 격차를 해소하겠다는 것인지 나로선 알 수가 없다. 더불어민주당 대표에게서 '최저임금 1만 원' 발언을 들을 수는 있었지만, 2020년을 목표로 한다는 것이었다. 나는 '지금 여기'를 외면하고 미래를 말하는 정치인을 신뢰하지 않는다.

내가 기본소득에 적극적으로 동조하는 것은 한국의 젊은이들이 처해 있는 절망적 상황 때문이다. 기성세대로서 윤리적 죄의식을 느끼는 나에게 대한민국은 민주공화국인 적이 없었다. 금수저들이 대물림하면서 기득권을 강화·유지시켜온, 사회 귀족이 지배하는 나라인 것이다. 이 나라에 살고 있는 젊은이들의 직관은 거짓이 아니다. 3포(연애, 결혼, 출산 포기)에서 5포(3포+취업, 주택 구입 포기)와 7포(5포+인간관계, 희망 포기)로, 급기야 헬조선으로! 이 땅의 흙수저들에게 헬조선은 과장된 표현이 전혀 아닌 것이다.

톨스토이가 말년에 남긴 질문인 "당신에게 가장 소중한 시간은 언제인가?"에 대해 "바로 지금!"이 답이라는 것을 모르는 사람은 없을 것이다. 그런데 그 소중한 시간인 지금을 모두 저당 잡힌 채 살아야 하는 게 우리 젊은이들의 숙명이 되었다. 가장 중요한 이유는 미래에 대한 불안이다. 인간의 영혼을 잠식하는 불안은 구체적으로 인간의 존엄성에 맞는 주택 마련, 자녀 교육과 양육, 건강 유지, 노후 대비, 취업이라는 모습을 띤다. 이런 불안에서 벗어날 수 있는 사람은 오로지 사회 귀족의 자식인 금수저들뿐이다. 대한민국이라는 국가가 불안 요인을 거의 모두 가족과 개인의 책임으로 전가하고 있기 때문이다. 구체적인 숫자로 보자면, 조세부담률이 24퍼센트에 머문 한국의 사회복지 예산은 국내총생산(GDP) 대비 10.4퍼센트(2014년 통계)로서, 30퍼센트를 넘는 북유럽이나 프랑스 같은 나라의 3분의 1 수준이다. 생존 조건의 기본 토대인 주택 문제를 보면, 한국에는 주택정책이 없다시피 하고 부동산정책만이 주를 이룬다. 그래서 복지 수준은 경제협력개발기구 꼴찌를 다툰다. 노골적으로 말해 이는 한국의 재벌 기업과 부유층이 더불어 사는 국가 공동체를 외면하고 아무것도 내놓지 않는다는 얘기다. 그 결과 가계 부채 규모는 1200조 원에 달하는 가운데, 10대 재벌 그룹의 사내유보금은 612조, 30대 재벌 그룹의 사내유보금은 740조 원에 이르게 되었다. 그뿐인가. 대한민국은 매일 평균 다섯 명이 산재 사고로 사망하고 38명이 자살하는 '축출 자본주의'의 전형이 되어버렸다.

그렇게 불안 속에서 오늘을 저당 잡힌 삶을 강요당하는 은수저나 특히 흙수저는 오직 남다른 교육자본을 형성하여 좋은 일자리를 얻어야만 주택, 자녀 교육·양육, 건강 유지, 노후 대비의 불안에서 벗어날 수 있다. 다른 나라와는 비교도 되지 않는 교육 경쟁이 미친 지옥도를 그려낸 이유가 바로 여기에 있다. 그나마 개천에서 용이 나던 시절, '고용 있는 고성장'의 시대에는 흙수저도 괜찮은 일자리를 얻어 은수저로 도약할 길이 열려 있었다. 하지만 바야흐로 자동화·정보화·전산화·인공지능의 시대, 생산자와 소비자 사이의 비대칭이 극에 다다른 '고용 없는 저성장의 시대'에, 괜찮은 일자리가 흙수저 차례가 되겠는가. 없는 돈에 빚까지 져서 스펙을 쌓아도 돌아오는 것은 기껏해야 최저임금의 비정규직이나 알바뿐이다.

그래서다. 기본소득 의제가 한국의 젊은이들에게 체제에 대한 순치에서 벗어나 창조적 불온성의 불을 피워주길 기대하는 것은. 실상 한국은 경제협력개발기구 평균 수준의 조세만 부과해도 당장 월 30만 원의 기본소득 재원 조달이 가능하고, 북유럽 국가 수준의 조세를 부과하면 월 50만~60만 원의 기본소득 재원 조달도 가능하다. 토지, 금융 등을 공유재로 전환하지 않고 단지 국민부담률만 높여도 가능한 수치다. 그러니 당당하게 요구하자. 인간답게 살 권리를. 어느 때보다도 "리얼리스트가 되자. 하지만 가슴엔 불가능한 꿈을 가지자!"던 누군가의 말이 가슴에 다가오지 않는가. 이번 기본소득지구네트워크 대회에는 한국의 예술가와 활동가가 참여해 콘서트, 퍼포먼스, 캠페인 등을 펼치는 '기본소득 주간' 행사도 함께 열린다. 불가능한 꿈을 꾸는 리얼리스트의 많은 참여가 있기 바란다. (홈페이지:

bien2016.org/kor)

2016. 6. 24.

# "다음 혁명에는 바지를"

"나는 공산주의에 찬성이오. 사회주의도 찬성이오. 그리고 자본주의도 찬성이오. 왜냐하면, 나는 기회주의자이므로." 프랑스 가수 자크 뒤트롱의 노래 〈기회주의자〉는 이렇게 시작한다. 공산당에서부터 극우정당인 '국민전선'까지 좌우로 펼쳐진 정당 분포를 가진 프랑스에 어울리는 노랫말이다. 그런데 그다음 가사부터는 우리에게도 심상치 않게 다가온다. "반대하는 사람들, 요구하는 사람들, 항의하는 사람들이 있지만, 나는 다만 한 가지제스처만 하지요. 저고리를 뒤집어 입는 것, 항상 좋은 쪽으로."

먼저 차별금지법 공동 발의자로 참여했다가 스스로 뒤집은 박영선 더불어민주당 의원이 떠오른다. 박 의원은 지난 2월 29일 '나라와 교회를 바로세우기 위한 3당 대표 초청 국회 기도회'에서 "특히 동성애법, 이것은 자연의 섭리와 하나님의 섭리를 어긋나게 하는 법"이라며, "더불어민주당은 이 자리에 계신 한기총의 모든 목사님과 기독교 성도들과 정말로 뜻을 같이한다"고 기염을 토했다. 하기야 유권자의 표를 얻기 위해서라면 무슨 말을 못하겠는가. 뒤트롱의 기회주의자처럼, '나는 착취자도 두렵지 않고 선동자도 두렵지 않아요. 나는 유권자들을 믿어요. 내 이익을 위해 그들을 이용하지요'. 박 의원은 동성결혼을 합법화한 미국의 대법관들이 경악할 만하고 유럽의 극우 정치인들도 부러워할 만한 무지의 용기를 보여주었다. 그리고 그는 일주일 전에는 김진표 의원과 함께 부패 사학의 상징적 인물인 김문기 상지대 설립자와 나란히 꽃다발을 들고 사진을 찍은 모습을 보여주었다. 일찍이 루소가 말했듯이, 유권자를 4년에 하루만 자유롭게 하는 선거가 끝나고, 더는 누구의 눈치도 볼 이유가 없어진 탓일까.

'깜짝 놀라게 한 남한의 여론.' 〈르몽드〉지의 기사 제목처럼 4·13 총선의 결과는 '새누리당 압승'을 우려했던 예상에서 크게 벗어났다. 하지만 안도하기에 앞서, '파도를 보지 말고 그 밑에 흐르는 조류를 봐야' 하지 않을까? 이번 총선을, 오만과 불통의 박근혜 대통령과 새누리당이 앞장서고, 더불어민주당과 국민의당이 그 뒤를 따라 우클릭 경쟁을 함으로써, 모든 정당이 '국민의 의식 지형'보다 훨씬 오른쪽으로 이동한 결과로 봐야 한다는 것이다. 유권자가 총선을 통해 '4·16 세월호 참사 이전과 이후는 완전히 달라야 한다'는 시대의 정언명령에 응답했다고 말하는 것은 '국민의 수준'을 실제보다 높이 평가하는 잘못을 범하는 것일지 모른다. 마찬가지로 박근혜 정권의 개성공단 폐쇄는 북한 정권을 바라보는 국민의 이념과 북한 겨레를 바라보는 국민의 정서가 다르다는 사실을 간과한 최악수였을 것이다. '극성지패(極盛之敗, 몹시 왕성하면 머잖아 패망한다)'라는 말이 아주 적절한. 한편, 더불어민주당의 우클릭을 이끌며 최대의 수혜를 입은 김종인 대표가 민주화 세력을 공격하는 것은 전두환 밑에서 국보위원을 지낸 사람의 분수에 어울리지 않는 적반하장이다. 수구 기득권 세력조차 대개는 민주화 세력과 산업화 세력을 구분하여 자기들이 산업화에 공이 있다고 주장할 뿐, 민주화 세력을 공격하지는 않는다. 〈르몽드〉 기자는 이번 총선이 박 대통령을 "한 방 먹인" 선거라고 말하기도 했다. 같은 맥락에서 많은 사람이 '새누리당의 완패, 더불어민주당의 선전, 국민의당의 승리'라는 평가에 동의하고 있다. 그런데 당선자들은 유권자들의 지지투표가 아닌, 반대투표의 수혜자들에 가깝다. 새누리당에 반대하기 위해 더불어민주당 후보를 찍었고, 더불어민주당에 반대하기 위해 국민의당 후보를 찍었기 때문이다. 비록 지지가 아닌 반대이지만, 깃발만 꽂으면 당선되었다는 점에서 기존 선거만큼 또는 그 이상으로 기회주의자들을 걸러내지 못한 선거였다는 뜻이다.

그들이 기회주의자인지 아닌지를 분별할 가늠자는 세월호 특별법 개정이다. 그런데 우클릭으로 경제주의에 매몰된 탓일까. 이른바 정당 지도부일수록 세월호 참사와 민생 문제를 분리하여 민생을 강조하는 발상을 드러내곤 한다. 도대체 국민의 생명과 안전보다 중요한 민생 문제가 무엇이란 말인가. 또 그 민생에는 지금도 옛 국가인권위원회 건물에서 고공 농성을 벌이고 있는 기아차 비정규직 노동자들, 새누리당 앞에서 노숙 농성을 하고 있는 콜트콜텍 노동자들, 서울 강남역 8번 출구에서 거리 농성을 벌이는 삼성 백혈병 피해자들, 노조 파괴 공작에 자결로 맞선 유성기업의 한광호를 비롯한 수많은 노동자들의 신산한 삶은 포함되지 않는다. 진보 정당의 약세가 눈에 밟히고, 을지로 위원회를 중심으로 노동자의 투쟁에 관심을 갖고 연대를 해온 민주당의 은수미·장하나 의원의 낙선이 안타까운 것은 나만이 아닐 것이다.

　꽤 오래전부터 진보 정치 진영의 현실 논리를 강화시켜온 '삼분지계'라는 말을 나는 기억한다. 진보 정치 진영은 정책보다 는 지역에 기반한 '수구적 보수정당(한나라당-새누리당)'과 '자유 주의 보수정당(민주당)'으로 이루어진 보수 양당 구도를 깨뜨리 는 제3당이면서 지역이 아닌 노동자와 서민의 삶에 기반한 정책 정당으로서 진보정당의 긴요성을 강조해왔다. 실제로, 진보진영 사람들에게 '삼분지계'는 진보정당의 제3당 진입을 기대하고 희 망하는 표현으로서 '민중이 주인 되는' '보다 나은 사회'를 위한 교두보로 인식되었다. 진보진영은 삼분지계를 위해 많은 노력과 실천을 기울여왔고, 또 지역주의 해소를 주장하기도 했다. 그런 데 지역 기반의 양당 구도에 흔들림이 있었던 이번 총선에서 수 혜를 입은 정당은 진보정당이 아니라 국민의당이다. 국민의당의 정체성에 대해서는 아직 아무도 단언하지 못하고 있지만, 새누리당과 더불어민주당 사이 어디쯤을 정치적 지향으로 갖고 있다고 말하는 사람이 적지 않다. 어쨌거나 민주당보다 왼쪽인 진보정당 대신, 민주당보다 오른쪽인 정당이 제3당으로 정립된 것이다.

정의당은 지역 두 석을 포함해 여섯 석의 의석을 획득하여 나름 선전했다고 하지만, 민주노동당이 정당투표에서 13퍼센트를 득표하여 지역 두 석까지 총 10석의 의석을 차지했던 2004년에 비하면 초라한 결과다. 정당투표에서 정의당이 얻은 7.23퍼센트에 원외인 녹색당, 민중연합당, 노동당의 몫을 모두 합해도 9퍼센트에 머물렀다. 돌아온 노회찬과 발군의 국방전문가 김종대를 비롯한 정의당 의원들의 어깨가 더 무거워졌다.

국민의 비판과 견제 이전에 당원의 비판과 견제를 받는 진보정당이 약화된 현실에서 노동자와 서민은 다시 보수 주도 정치인들의 처분을 기다리는 신세가 되었다. 과연 기대할 수 있을까? 이명박·박근혜 정권으로의 지속적인 퇴행(통합진보당 해산, 전교조의 법외노조화 등 시민적 자유와 권리의 제한, 노동법 개악, 교과서의 국정화, 국가정보원 강화와 테러방지법, 남북 관계의 끝없는 악화와 한·일 간의 위안부 합의, 언론의 추락상 등)을 멈추거나 되돌리는 일은 물론, 세월호 참사가 엄중하게 요구한 '전혀 다른 국가의 상'을 만드는 일까지. 여기에 점점 더 강화되는 재벌 기업의 힘과 전횡을 고려할 때, 이번 총선 결과에서 '다행'은 잠깐이고 '우려'만 남는다. 앞으로 4년, 국회가 기회주의자들이 기득권을 주고받는 놀이터가 되지 않도록 두 눈을 크게 뜨고 지켜볼 일이다.

뒤트롱의 노래 〈기회주의자〉는 이렇게 끝난다. "저고리를 너무 뒤집어 입어서 이젠 양쪽이 모두 해어졌다오. 다음 혁명에는 바지를 뒤집어 입을 거요." (혁명을 기대하기 어렵기에) 한국의 기회주의자는 바지를 뒤집어 입을 일은 없겠지만….

2016. 5. 5.

# 정의에는 힘이 없다지만

"역사는 설령 그것이 비극적이고 고통스럽다고 해도 말해져야 한다. … 진실을 감추거나 잊거나 부정할 때 (우리는) 아무것도 건설할 수 없다." 3년 전 알제리 독립 50주년을 맞아, 알제리 국회에서 프랑수아 올랑드 프랑스 대통령이 했던 연설의 일부다. 그는 "식민 체제는 엄중하게 부당하고 가혹했다"면서 알제리 민중이 겪은 고통을 인정하고, "우리는 알제리 전쟁 당시의 폭력과 불의, 학살과 고문에 관한 진실에의 책무가 있다"고 덧붙였다. 해방 70돌을 맞아 박근혜 대통령은 "역대 내각의 역사 인식을 계승한다"는 아베 신조 일본 총리의 발언을 아쉬움과 함께 긍정적으로 수용했다. 그간 과거사 문제와 관련하여 일본 정부에 비교적 완강한 모습을 보였던 박 대통령이 태도를 바꾼 것에 대해 중국의 부상에 맞서 한미일 공조 체제를 더욱 강화하려는 미국의 압력을 수용했기 때문이라고 말하기도 하지만, 내 생각은 다르다.

오늘날 박 정권과 박 정권을 떠받치는 수구 세력이 일본의 식민 체제 아래에서 조선 민중이 겪어야 했던 고통에 공감한다면, 해방 이후 대한민국에서 국가의 이름으로 저지른 학살과 고문 행위에 대해서는 왜 그리 둔감할까. 아니, 둔감하다는 말은 가당치 않다. 그들이 바로 학살과 고문, 간첩 조작 등 국가 폭력 행위의 주체였거나 거기서 싹튼 세력이기 때문이다. 실상 아베 신조에게는 가소롭게 비칠지 모른다. 자국민을 학살하고 고문한 자들이 식민지 조선과 조선 사람을 유린했다고 일본을 손가락질할 수 있나? 더구나 일본의 식민 체제에 빌붙어 사적 안위와 영달을 추구했던 자들이?

역사 청산과 관련하여 빌리 브란트 독일 총리가 나치 독일의 반인륜적 범죄에 무릎 꿇고 사죄했던 모습이 우리에게도 각인돼 있다. 2차 대전 때까지 오랫동안 앙숙 관계였던 독일과 프랑스는 어떻게 유럽연합의 쌍두마차가 되었을까? 그 단초는 샤를 드골의 발언 "과거를 잊지 않은 채 함께 미래를 바라보기로 했다"에서 찾을 수 있다. 이 말은 헬무트 콜 독일 총리와 프랑수아 미테랑 프랑스 대통령이 1차 대전의 격전지 베르됭에서 손을 잡고 나란히 서 있는 모습으로 구체화되기도 했다. 이와 같은 독·프 관계의 정상화는 나치에 부역했던 세력을 청산한 프랑스와 나치의 범죄에 대해 끝까지 사죄한 독일 사이에 아귀가 맞아 가능했다. 이를테면, 일본의 지배 세력이 계속 오만한 태도를 보이는 데에는 우리가 프랑스의 드골이 가졌던 자신감을 가질 수 없었다는 점이 중요한 이유로 작동했다. 여기에는 분단 상황이 한몫을 했다.

사흘 전에 남북 간의 고위급 접촉이 여섯 개 조항의 합의문으로 결실을 맺은 것은 참으로 다행스러운 일이다. 그럼에도 여전히 조마조마한 것은 남과 북의 지배 세력에 결여되어 있는 정당성을, 분단의 긴장 상태가 허용하는 '적대적 공생관계'로 메울 위험이 상존하기 때문이다. 이와 같은 남북 관계 개선은 물론, 일본을 비롯한 다른 나라와의 대외 관계 개선을 위해, 국내 정치의 정상화를 전제해야 한다면(칸트가 일찍이 『영구 평화론』에서 지적했다), 우리는 다시금 민주주의의 성숙이라는 과제와 만나게 된다.

서설이 길었다. 지난달 제헌절을 앞두고 한홍구 성공회대 민주자료관장은 일차 제안자로 참여한 33명의 지식인과 함께 『반헌법행위자 열전』 편찬 사업을 주창했다. 이것은 대한민국이 민주공화국임을 선언한 1948년 이래 내란·부정선거·학살·고문을 비롯한 각종 인권 유린과 조작 사건으로 헌법을 파괴한 자들의 이름과 행적을 기록하는 사업이다. 한홍구 관장은 "과거의 일을 오늘의 잣대로 판단한다"는 수구 기득권 세력의 비판에 동의하지 않으면서도 "반헌법적 행위 당시의 법률로도 명백한 범죄행위를 구성하는 사례만을 수록 대상으로 삼고자 한다"며, "내란이나 고문은 악법 중의 악법인 유신헌법에서조차 범죄로 규정했던 행동이었지만 고문은 자행됐다. 그런 반헌법행위자들을 역사의 법정에 반드시 세울 것"이라고 말했다.

워낙 유약하고 소심한 성정 탓일까. 대학생 신분이었던 1970년대 초에 고문이라고 말하기 민망한 수준이지만, 중앙정보부(국가정보원의 전신)와 서울시경 대공분실에서 겪었던 일을 반세기가 지난 지금까지도 깊은 트라우마로 가지고 있다. 프랑스에서 망명도생을 결심하기 전에 가장 두려웠던 것은 장기간의 징역살이보다 그에 앞서 치러야 할 고문에 대한 공포였다. 박근혜 정권이 들어서고 2년 반이 지난 지금까지도 '박 정권'이라는 말에 섬뜩 놀라고 꿈속인 듯이 허우적대는 자신을 발견하기도 한다. 이 또한 나의 성정 탓이겠다.

〈한겨레〉를 통해 『반헌법행위자 열전』 편찬 소식을 처음 만났을 때 설렘에 앞서 찬바람이 가슴을 쓸고 지나가는 느낌이 들었다. 가령 『친일인명사전』은 해방된 지 64년이 지난 2009년에야 펴낼 수 있었고, 그래서 아쉽게도 수록된 인물 대부분이 이미 죽은 뒤였음에도 반대 세력의 목소리와 방해 공작이 만만치 않았다. 그런데 『반헌법행위자 열전』의 수록 대상자는 대부분 살아 있을 뿐만 아니라 현실 권력의 중심에 있는 인물도 적지 않다. 실제로, 한홍구 관장은 박근혜 정부의 총리들이 모두 열전에 수록될 수 있다고 했다. 정홍원 전 총리는 '초원복집 사건'을 유야무야했던 검사 출신이고, 이완구 전 총리는 삼청교육대 당시 국가보위비상대책위원회 내무 분과의 핵심 실무자였으며, 황교안 현 총리는 국정원의 선거 개입 사건에서 채동욱 검찰총장을 찍어내면서 수사 방해를 했던 혐의에서 벗어날 수 없다는 것이다. 더구나 간첩 조작, 선거 부정 같은 과거의 주업과 함께 불법적인 해킹도 마다하지 않는 국정원은 물론이고, 검찰과 사법부까지 유신 시대로 돌아가고 있는 정황 아닌가. 70년대의 박 정권과 오늘날의 박 정권 사이에 고문 행위를 빼고는 크게 달라진 게 없는데, 과연 『반헌법행위자 열전』 편찬 사업이 순조롭게 진행될 수 있을까? 이만열 숙명여대 명예교수의 다음과 같은 말씀에도 나의 의구심은 떠나지 않았다. "맹자의 글에 '공자가 춘추를 지으니 난신적자들이 두려워했다'는 말이 있다. 우리가 열전을 지음으로써 헌법과 국민을 거역한 많은 이들이 두려워할 수 있는 계기가 되었으면 한다."

정말 그러기를 바란다. 하지만, 수치심이 없어서 뻔뻔한 자들이 어떻게 수치심을 느끼겠는가? 사람은 죽음의 순간이 다가오면 순수해진다고 한다. 하지만 과문의 탓일까, 전쟁 전후에 방방곡곡에서 저질러진 학살 행위를 명령하거나 실행한 사람들, 1970~1980년대에 고문 행위를 교사하거나 실행한 사람들 중에 죽음의 순간에 참회한 사람이 있다는 얘기를 들어본 적이 거의 없다. 정의에는 힘이 없어 '정의력'이라는 말이 없지만, 관직과 돈에는 힘이 있어 '권력'과 '금력'이라는 말을 쓴다. 최근 개봉한 영화 〈암살〉에서 암살의 대상은 독립 투쟁을 하다가 일제의 앞잡이가 된 인물이다. 그는 일제 치하가 아닌 일제가 망한 뒤에 해방된 나라에서 법에 의해 단죄되는 대신 암살된다. 영화는 반민특위가 힘없이 무위로 돌아간 탓에 암살 말고는 다른 방법이 없었음을 말하고 싶은 듯하다. 『반헌법행위자 열전』 편찬 사업에 적극적인 참여를 두 손 모아 바란다. 비록 작더라도 시민 한 사람 한 사람이 정의에 힘을 실어주어야 하기 때문이다.

2015. 8. 27.

# "왜 우유를 안 사?"

"왜 우유를 안 사?" 세월이 흘러도 끝내 지워지지 않는 장면이 있다. 일곱 살 딸아이가 순진하게 묻던 모습도 그중 하나다. 우리는 그때 우유를 사지 않은 것이 아니라 사지 못한 것이다. 최근 장발장은행에 참여하여 벌금 대출을 신청하는 사람들의 사연을 만나면서 그 장면이 다시 돌아왔다. 벌금 100만~200만 원을 내기 어려운 사람들, 자신에게도 돈이 없고 가족과 친지에게서 빌리기도 어려운 사람들. 그런 사람들을 내 주변에서 직접 만난 기억은 거의 없다. 하지만 세상에는 그런 사람들이 무척이나 많았고, 세상은 고급아파트와 임대아파트처럼 분리되어 있었다. 나 또한 '소외되고 버림받은 민중'이란 표현을 쓰기도 했지만 그것은 관념에 가까운 것이었다. 『감시와 처벌』을 쓴 미셸 푸코는 동료, 후배들과 감옥감시단을 꾸렸던 일을 소개하면서 실천하지 않는 지식인을 비판했다. 그 비판의 화살은 나부터 맞아야 했다.

갑자기 파리에 외톨이로 남은 우리는 어떻게 우유를 살 수 있었을까? 말도 서툰 남의 땅, 두 아이의 어머니로서 아내의 생활력이 발휘될 때까지는 시간이 필요했다. 그 시간을 아슬아슬하게 넘기게 해준 것은 나의 학벌이 남겨준 인간관계와 프랑스의 복지 제도였다. 나는 학교 선배의 소개로 관광 안내 아르바이트를 할 수 있었고, 앞서 신청했던 주거수당(소득이 적은 사회 구성원에게 월세의 일부를 국가가 보전해주는 제도) 여러 달치를 한꺼번에 받아, 밀려 있던 두 달치 아파트 월세를 해결할 수 있었다. 인간관계와 복지 제도가 없었더라면 나는 지금 어디에서 어떤 모습으로 있을까? 복지 체계가 허술한 한국에서 사회관계망도 열악한 사람들은 가난의 질곡 속에서 어떻게 살아갈까? 국가로부터 벌금형을 받고 벌금을 내지 못해 교도소에서 강제노역을 해야 하는 사회 구성원이 매년 4만 명에 이른다는 사실이 이 질문에 대한 답변이 되어줄 것이다.

무이자 무담보로 벌금을 빌려주는 장발장은행이 지난 2월 25일 문을 열었다. 지금까지 한 달 동안 510명의 시민과 단체가 1억 원이 넘는 성금을 보내주었고, 4차에 걸친 심사 끝에 47명에게 8000여만 원을 대출해주었다. 그런데 우리의 예상을 훨씬 뛰어넘은 것은 대출 신청자들의 쇄도였다. 불똥 튀는 전화가 하루 종일 멈추지 않았다. 한정된 재원에 비해 신청자가 워낙 많기 때문에 국가로부터 이미 심판받은 사람들을 다시 심판한다는 심리적 곤혹스러움과 함께 신청자 중에서 일부만을 선택해야 하는 어려움을 겪고 있다. 4만 명 모두에게 평균 150만~200만

원의 벌금을 대출해준다고 가정하면 총 600억~800억 원이 필요하다. 장발장은행은 그들 가운데 기껏 2~3퍼센트에게 다가갈 수 있을 뿐이다. 벌금형 제도의 개선, 재정비가 시급하다는 의미다. '인권연대'가 3년 전부터 벌여온 '43,199 캠페인'(2009년 한 해 동안 벌금을 내지 못해 교도소에 들어갔던 사람의 숫자인 4만 3199명에서 착안했다)의 내용을 보면, 징역형에 있는 집행유예 제도를 벌금형에도 적용하고, 총액벌금제는 일수벌금제로 바꾸며, 소득과 재산에 따라 차등을 두고, 분납 제도를 폭넓게 적용하며, 사회봉사제를 활용하는 것 등이다. 가난 자체가 이미 불평등인데, 징벌에서 또다시 불평등을 겪게 하는 제도는 오래전에 고쳤어야 마땅하다. 하지만 지금껏 고치지 않은 것은 왜일까? 몫이 없는 사람들이고, 그래서 보이지 않는 사람들이기 때문이다.

'유전무죄, 무전유죄'라는 말은 '돈이 있으면 죄가 없고 돈이 없으면 죄가 있다'는 의미에서 훨씬 확장되어야 한다. 돈이 없으면 죄가 되는 것에 머물지 않고 아예 죄까지 짓게 된다는 점에서 그렇다. 벗어날 수 없는 가난 속에서는 생존 자체가 범법의 경계에 서는 일이기 때문이다. 가령 가난에 찌든 나는 이름을 빌려주면 매달 100만 원씩 주겠다는 제안을 거절할 수 있을까? 비아그라를 전해주면 푼돈이나마 벌 수 있는 지하철 택배 일을 하지 않을 수 있을까? 평생 고아로 살아온 나는 찜질방에서 눈에 띈 지갑을 슬쩍하여, 2만 원을 훔치지 않을 수 있을까? 병든 두 아이의 치료비가 많이 들어, 밤에 이유식 배달이라도 하고 싶은데,

자동차 보험료를 낼 돈이 없다면, 그 일을 포기할 수 있을까?

그뿐이 아니다. '유전무죄, 무전유죄'는 '유전무병, 무전유병'과 결합되어야 한다. 벌금형을 받은 사람 중에는 기초생활수급자도 많은데다 자신이 아프거나 가족이 아픈 경우가 너무 많다. 병이 들어도 치료받지 못하는 상태에 있기 때문이다. 그러나 우리는 김수영 시인도 개탄했듯이, 작은 일에만 주로 분개한다. 작은 도둑은 빠짐없이 법망에 걸리는 반면, 큰 도둑은 법망을 잘도 피한다. 그래서 우리가 비난하고 냉대하는 쪽은 후자가 아니라 전자다. 적절한 비교는 아니겠지만, 한국의 기업은 2011년부터 2014년까지 4년 동안 성공불융자금이라는 제도로 3677억 원의 융자금을 탕감 또는 감면받았다고 한다. 성공불융자금이란 기업이 해외 자원 개발에 투자했다가 실패하는 경우 융자금을 탕감 또는 감면해주는 제도다. 기업에는 이처럼 국민 세금을 너그럽게 사용하는 국가지만 가난한 국민에겐 야박하기 그지없다.

"온정과 오만은 쌍둥이다."『주홍글씨』의 작가 너새니얼 호손이 남긴 말로 전해진다. 엄격한 청교도주의를 비판했지만 결국 청교도의 엄격성이라는 전통에서 벗어나지 못한 호손의 면모가 엿보이는 말이다. 또한 이 말은 19세기에 속하는 말이기도 하다. 당시 부르주아 여성들에게 '빈민가 방문'은 '취미'에 속했다고 한다. "자선을 베풀 때에는 오른손이 하는 일을 왼손이 모르게 하여"라는 예수의 산상수훈에 어긋나는 행태였던 셈이다. 그럼에도 그들은 가난한 사람들을 외면하진 않았다. 프랑스에서 19세기 후반 보통교육이 실시되었을 때 대부르주아의 자식도 청지기(후에 운전기사)나 하인의 자식과 같은 학교에 다녔고, 이는 사회 통합의 토대를 다져주었다. 차차 주거 공간과 학교가 분리되고, 복지 제도가 그 빈 곳을 채워주었다. 19세기에는 같은 공간에서 만나며, 선행과 온정을 베풀었다면, 20세기에는 복지 제도가 생겼다. 그만큼 진보했던 셈이다.

정치가 고귀하다면 보이지 않는 사회적 연대의 실현이 정치의 기본 소명이기 때문일 것이다. 그러나 경제민주화와 복지 공약을 내던지고 '기업 하기 좋은 나라'의 대통령답게 "경제가 불쌍하다"고 말하는 대통령에게 이 땅의 '장발장'들은 잘 보이지 않는다. 마찬가지로, 국회의원을 비롯한 정치인, 지식인, 언론인에게도 이 땅의 장발장들은 잘 보이지 않는다. 이를테면 21세기 한국의 장발장들은 19세기의 온정과 선행에서도, 20세기의 복지에서도 먼 존재들인 것이다.

서해성 작가가 기획하고 '인권연대'가 활동 중심에 선 장발장은행은 '평화인문학'을 통해 교도소 수감자들과 직접 만난 것이 계기가 되었다. 당연한 일이지만 벌금을 대출받은 사람들은 하나같이 고마움을 표시하고 상환을 약속했다. 하지만 상환하지 못한들 어떠랴. 은수저를 훔쳐 도망친 장발장에게 미리엘 주교는 은촛대까지 건네주며 이렇게 말한다. "당신의 영혼을 사겠다." 그 차원까진 아니더라도 국가로부터는 징벌을, 사회로부터는 무관심과 냉대를 받은 사회 구성원에게 시민사회가 따뜻한

손길을 내민 것만으로도 우리는 이미 상환받고 남은 게 아닐까. 성금을 보내준 분들, 앞으로 보내줄 분들에게 두 손 모아 감사 인사드린다.

2015. 3. 26.

장발장은행은 되도록 빨리 문을 닫아야 한다. 그러자면 범법 행위자에 대한 벌금액을 소득과 재산에 연동하여 부자에겐 많이, 가난한 사람에겐 적게 받아내야 한다. 즉 현행 총액벌금제를 일수벌금제로 바꿔야 한다.

# 성지라면 성지다운

노동자와 빈민이 마지막 농성장으로 의지했던 천막들이 있던 비탈길이 사라졌다. 그 대신 자동차 길과 층계 길이 들어섰다. 고작 열 명이나 모일 수 있을까. 애당초 광장의 의미를 갖지 못했던 들머리였지만, 이제는 더욱 좁아진데다 층계에 가려서 성당과 들머리는 서로 잘 보이지 않게 분리되었다. 농성할 곳도 시위할 곳도 없었다. 겨울의 찬바람 속에서 그 비탈길이 기억하고 있을 민주화 운동의 궤적들, 수많은 청년 학생과 시민, 노동자들이 민주화를 위해 내뿜었던 뜨거운 호흡들과 박동들이 가뭇없이 사라지고 있었다.

급기야 들머리 옆에 있던 주차장을 지하화하고 확장한 지하 1층 공간에 들어섰을 때는 내 눈이 의심스러웠고 씁쓸함은 이내 놀라움으로 바뀌었다. 일순간 내가 쇼핑센터에 들어선 것이 아닌가 하는 생각이 들었기 때문이다. 경건함보다는 호화로움이 느껴진 곳에서 실제로 쇼핑이 이루어지고 있었다. 카페와

북파크, 음악감상실과 은행이 들어서 있었다. 1년 내내 전 세계 관광객이 찾아오는 파리의 노트르담 대성당에서도, 드니 성인이 프랑스 최초로 순교했다는 몽마르트르(순교의 산)의 사크레쾨르 성당에서도, 독일의 쾰른 대성당에서도, 이탈리아 밀라노의 돔 대성당에서도 볼 수 없었던 경내의 모습이었다. 문화적 취향을 강조하여 비즈니스임을 감추려는 속내가 보였기 때문이었을까, 아니면 가난하고 소외된 이들에겐 주눅이 들 정도로 고급스러운 분위기 때문이었을까. 내 귀에는 〈마태복음〉 21장의 12~13절이 점점 크게 들려왔다.

예수님은 성전에서 장사하는 사람들을 다 쫓아내고, 돈 바꿔주는 사람들의 상과 비둘기 파는 사람들의 의자를 둘러엎으셨다. 그리고 그들에게 "성서에 '내 집은 기도하는 집이라고 불리리라' 했는데 너희는 이 집을 '강도의 소굴'로 만들었다"라고 말씀하셨다.

세상에서 버림받은 사회적 약자들과 가난한 이들이 마지막 피난처로 의지했던 천막들이 올망졸망 서 있던 곳. 그런 곳이 고급스러운 취향의 쇼핑센터로 바뀌었다는 점은 상징적이다. 이 변화는 박정희 정권에서 전두환 정권을 지나 박근혜 정권에 이른 현실을 반영하는 것일까. 명동성당은 '민주화의 성지'로 불리곤 했다. 1974년 박정희 정권이 유신 체제를 굳히기 위해 민청학련 사건을 조작하고 원주 교구의 지학순 주교를 구속한 사건을 계기로, 정의구현사제단을 세상에 탄생시킨 모태였다. 그 서

슬 퍼렁던 시절, 2000여 명의 사제와 신자가 모여 유신헌법 철폐, 긴급조치 해제, 생존권 보장 등을 요구하는 시국선언문을 발표했던 곳이 명동성당이었고, 박종철 고문 치사 사건을 폭로·고발한 곳도 명동성당이었다. 6월 항쟁 당시 경찰에 쫓겨 명동성당에 몸을 피한 청년 학생들을 체포하려는 정권에 김수환 추기경이 했던 말은 지금도 감동으로 다가온다. "성당 안으로 경찰이 들어오면 맨 앞에 내가 있을 것이고 그 뒤에 신부들과 수녀들이 있을 것이오. 우리들을 다 넘어뜨린 후에야 학생들이 있을 것이오."

그랬던 명동성당이 바뀌었다. 명동성당을 관광 명소로 특화하여 개발하는 데에는 적극적으로 나서지만, 가까운 명동 재개발 구역에서 강제 철거와 폭력 사태가 일어났을 때는 침묵으로 일관했다. 3년 전엔가는 6월 민주 항쟁을 기념하는 '민주 올레' 순례자들의 방문조차 혼례 성사를 이유로 허용하지 않았다. 이러한 변화는 서울대교구 주교좌성당인 명동대성당의 최고책임자 염수정 추기경의 발언에서도 확인된다. "정의구현사제단은 1987년만 해도 매우 중요한 민주화 투쟁을 이끌었지만, 오늘날에는 정치 환경이 완전히 바뀌었다. 지금은 맞서 싸울 독재정권이 존재하지 않는다. 만일 그들이 기존 방법론을 고집한다면 사회의 변두리로 밀려날 것이다." 과연 그런가?

권위주의 군사정권의 엄혹한 시절, 민주화를 통해 폭압적인 정치권력의 손아귀에서 벗어난 대신, 자본권력의 시대를 맞

는가 싶었다. 그러나 세상이 다시 뒤로 돌아가면서 자본권력은
물론 그들과 결탁한 정치권력이라는 이중의 질곡 아래 놓이게
되었다. 그것은 우리가 87년 6월 항쟁을 '6월' 항쟁이라 부를 뿐,
이후 7, 8, 9월에 이어진 노동자의 투쟁을 포괄하여 87년 '여름'
항쟁이라고 부르지 않는(못하는) 한계와 만난다. 어느 철학자의
말처럼, 모든 사람의 가장 중요한 관심사가 자신의 은행 잔고가
되어버린 오늘날에는 노동자를 곤봉으로 때리고 감옥에 가두는
대신 손배 가압류를 건다. 이를 두고 세상이 달라졌다고 말하는
사람은 손배 가압류와 인연이 없거나 그런 현실에 무감한 사람
뿐이다. 과거에는 몸을 괴롭히고 죽였다면 이제는 삶 자체를 죽
인다. 마음에 없으면 보이지 않는다고 했다. 경제협력개발기구
국가들 중에 자살률이 가장 높은 나라에 살면서도 새로운 형태
의 독재권력이 더욱 사악한 방식으로 사회적 약자의 삶을 조여
오고 있는 것은 보이지 않는 것이다.

사회의 변두리는 어디이고 중심은 어디일까? 나는 중심은
오로지 하나의 점일 뿐이고, 가장자리는 변방의 점들이 연대한
선이라고 본다. 그러니 정의구현사제단이 사회의 변두리로 밀려
나는 것은 오히려 환영할 일이다. 한국 사회는 지금까지 정의구
현사제단에 많은 빚을 져왔는데 앞으로는 더욱 그럴 듯하다. 실
상 사회의 모순이 첨예하게 드러나고 인간의 고통과 불행이 불
거지는 곳은 중심이 아니라 변방이다. 그래서 새로운 세상을 여
는 곳 또한 변방이라는 점은 누구보다도 예수가 가르쳐주었다.

지난여름 한국을 방문했을 때 가장 높은 지위에 있으면서도 가장 낮은 자리를 찾았던 프란치스코 교종은 이렇게 말했다. "조직의 안위에만 치중하는 교회가 되어서는 안 된다. 교회는 말과 행동을 통해 사람들의 일상생활에 개입해야 하며, 필요하다면 신발에 거리의 진흙을 묻힐 수도 있어야 한다. 나는 교회가 좀 더 깨지고 상처 입고 더러워지기를 원한다." 사회의 변두리는 사제가 피할 곳이 아니라 찾아가야 할 곳임을 분명히 밝힌 것이다.

20년 만에 귀국하면서 한국 사회를 지배하는 물신의 무게를 절감했었다. 국내에 있던 사람들은 변화의 한가운데 남았기 때문에 미처 실감하기 어려웠을 수도 있지만, "부자 되세요!"에 화들짝 놀랐고 "당신이 사는 곳이 당신이 누구인지 말해줍니다"라는 말에는 비감이 엄습했다. 누추한 곳에 사는 사람에게 이 말을 적용해보라. 이웃에 대한 상상력을 가진 인간의 목소리로는 도저히 받아들일 수 없다. 워낙 충격적인 경험이어서 기회가 있을 때마다 되씹게 된다. 아무리 아이엠에프(IMF) 학습 효과까지 결합되어 사회 전체가 온통 돈의 노예가 되려는 순간이었다고 할지라도 말이다. 나는 인간 영혼이 더는 추락하지 않게 막아야 할 최후의 보루가 두 군데라는 믿음을 갖고 있었다. 하나는 종교이고 또 하나는 학문이다. 그러나 종교와 학문(대학)이 둘 다 물신에 투항하는 길에 앞장선다고 느끼는 것은 비단 나만의 일일까? 대학마다 늘어나는 것이 주차장, 카페, 음식점이고, 명동성당마저 그 길을 그대로 따르고 있다.

역관이었던 김범우의 명례방 터에, 외젠 코스트 신부가 설계와 공사 감독을 맡아 1898년에 축성되었다는 명동성당, 한국 가톨릭교회의 상징이라고 한다. 고딕 양식의 대표적인 교회인데다 특히 한국 땅에서 교회 공동체가 처음으로 탄생한 곳으로 여러 순교자들의 유해가 모셔져 있다고 한다. 명동성당이 이래선 안 된다. 설령 민주화의 성지라는 자취를 지우고 싶더라도 가톨릭의 성지라면 성지다운 모습을 보여야 하지 않는가.

2014. 12. 4.

2019년 5월, 명동성당 앞 인도에 서울 중구청의 협조 아래 '오월걸상'이 세워졌다. 눈썰미가 있는 산책자라면 제기(祭器) 모양의 걸상 세 개를 발견할 수 있을 것이다. 거기 걸터앉아 잠시라도 5·18 정신을 돌아보면 좋겠다.

# 가해자들의 땅에서

4월 16일로부터 어느새 반년 가까운 세월이 흘렀다. 그 세월의 눈물겨운 외침에 세상은 모질게도 응답하지 않는다. 누구였던가, 이 시대는 나무를 노래할 수조차 없는 시대라고 했던 이는. 또 누구였던가, 똑같은 말을 거듭해야 하기에 죄스럽게 느껴야 하는 시대는 어떤 시대인지를 물었던 이는. 바닥을 쳤다고 믿었던 세상은 끝을 알 수 없는 나락으로 떨어지고 있고, 나 또한 똑같은 말을 반복하면서 계면쩍음과 함께 독자에 대한 송구스러움을 느끼고 있다. 그러면서 일상적인 고문은 사라지지 않았느냐고 자신을 위로한다. 최근에는 실제 망명이 아닌 사이버 망명을 했을 뿐이라고 덧붙이기도 한다.

책도 잘 읽히지 않는 날들 속에서 기사 하나가 내 눈에 들어왔다. 지난 9월에 실시한 한 여론조사에서 66퍼센트의 응답자가 가까운 장래에 사회 폭발이 일어날 것을 예상하고 있다는 내용의 기사였다. 국민 세 사람 중 두 사람이 봉기와 같은 불온한 사태를 점치고 있는 나라는 물론 한국이 아니라 프랑스다. 한국에서는 그런 여론조사를 한다는 것 자체가 국가보안법에 저촉될 위험이 있다. 반면 대혁명 이래 20~30년을 주기로 혁명적 국면을 경험했던 나라, 68년 5월 혁명 이래 반세기 가까이 비교적 평온한(?) 시간을 보내고 있어 '프랑스가 권태에 빠졌다'는 말이 나오기도 하는 나라이기에 그런 여론조사가 가능한 일이겠다. 작년 11월 똑같은 여론조사에서는 76퍼센트의 응답자가 사회 폭발을 점쳤던 것에 비해 이번에는 10퍼센트가 줄었다. 작년 11월 이후 지금까지 사회 폭발이 일어나지 않았으니 76퍼센트의 예상은 빗나간 것이고, 마찬가지로 이번에도 66퍼센트의 예상은 빗나갈 가능성이 크다. 희망 사항으로 표현된 거품도 많이 담겨 있는 숫자이고 여론조사겠지만, 여기에 그들의 역사가 투사되어 있음은 누구도 쉽게 부정할 수 없을 것이다.

가령 『레미제라블』의 작가 빅토르 위고의 "파리는 언제나 이(齒)를 드러내고 있다. 웃지 않으면 으르렁댄다"는 말은, 『이방인』과 『페스트』의 작가 알베르 카뮈의 "우리는 사회 불의보다는 차라리 무질서를 택한다"는, 더욱 직설적인 말로 표현되었다. 최근 폭발적인 호응을 얻고 있는 토마 피케티 또한 1789년 대혁명 당시 발표된 〈인간과 시민의 권리에 관한 선언〉 제1조("사회적 차별은 공익을 바탕에 둘 때만 가능하다")를 『21세기 자본』 서장의 첫머리에 싣고 있다. 이 또한 그들의 역사가 반영된 것이라 하겠다. "사회 불의보다는 차라리 무질서를 택한다"는 명제는 인류 역사상 가장 무섭고 질겼던 질서인 신분 질서를 자유, 평등, 우애의 이념으로 무너뜨린 그들 역사의 반영물이면서, 사회정의가 서 있는 곳에서는 기존 질서에 도전할 이유가 스스로 사라지는 반면에, 질서를 강조하는 사회에서는 항상 사회정의의 요구가 억압된다는 논리를 담고 있다. 이 논리는 사회정의보다 질서(그리고 안보) 이념이 절대적 우위를 차지하고 있는 한국 땅 곳곳에서 사회정의의 요구가 일상적으로 억압되고 있는 것으로 충분히 증명된다.

이 여론조사에 대해 마뉘엘 발스 내무장관은 "해고와 공장 폐쇄의 물결이 사회운동을 불러와 사회를 내파 또는 폭발시킬 위험이 있다"고 응답했고, 〈르몽드〉와 〈르피가로〉를 비롯한 언론 매체들은 분석 기사와 함께 지식인들에게 진단과 해법을 묻는 인터뷰 기사를 실었다. 한국 언론에 충분히 익숙해진 나에게 선동이나 음모 같은 단어 그리고 사회부적응자나 불평불만자와 같은 용어들은 보이지 않았다. 그에 앞서 이런 여론조사를 하고 그 결과를 발표할 때는 위정자가 막무가내로 오만하거나 뻔뻔해질 수는 없겠다는 조건반사적 생각이 들었다. 아무래도 한국의 현실이 자연스럽게 떠오른 탓일 것이다. 두 나라의 신문을 오가면서 사회적 층위, 사회를 구성하는 역사, 역사의 반영물인 동시에 실천자인 인간의 층위에서 차이를 느낄 수밖에 없었던 것은 신문이 사회의 거울이기 때문이리라.

국민의 생명과 재산을 보호하고 국민 사이의 갈등을 조정하는 것이 국가의 일차적 소명이다. 그런데 4·16 이후와 이전이 달라져야 한다는 목소리가 나온 것은 이 소명에 완전히 실패한 국가에 대한 총체적인 반성과 함께 그에 따른 새로운 모색과 행동이 절실히 요청되기 때문이었다. 하지만 박근혜 정권은 오로지 세력 관계에 충실할 뿐이다. 가령 공자는 상(喪)을 당한 사람을 보면 나이가 어려도 예를 갖추었고 조심스럽게 지나갔다고 한다. 그게 인간의 도리이기 때문이다. 하물며 자식을 잃은 비통함으로 4월 16일 이래 모든 시간을 빼앗긴 부모들을 조롱하고 모욕하는 패륜적 사회상은 보이지 않는지, 국가의 수장인 대통령은 기껏 본인에 대한 사이버상의 모독을 참을 수 없다고 일갈했다. 그러자 검찰이 득달같이 사이버 모니터를 위한 대책회의를 소집했고, 기어이 "카카오톡 법무팀이 혐의점을 판단해 집회와 관련된 부분만 경찰에 넘겼다"는 발표가 나왔다. 카카오톡 법무팀이 혐의점을 판단한다? 국가의 공적인 일을 민간에 외주 주는 일탈에 대한 문제의식조차 찾을 수가 없다. 절망감이 다가온다. 대통령에서부터 검찰과 민간 사업자에 이르기까지 이웃의 고통과 슬픔에 대한 공감 능력을 찾기 어려울 뿐만 아니라 인간으로서의 자존감도 찾기 어렵기 때문이다.

모든 사회 부문에서 악화가 양화를 구축하기 때문일까. 프란치스코 교종이 잠깐 보여준 인간의 고결함과 섬세함 대신에 머리 좋은 자의 뻔뻔함과 그렇지 못한 자의 시시함만이 보이는 사회. 이 사회는 어디까지 추락할 것인가. 급기야 서북청년단을 재건하겠다는 움직임까지 나온다. 회한이나 성찰 그리고 그에 따른 눈물은 오로지 약자와 피해자의 몫이 되어버린 땅, 전두환의 예가 보여주듯이, 범죄자들은 사죄하지 않는데도 피해자들은 먼저 용서부터 해야 하는, 일그러진 세력 관계가 고착된 땅에 급기야 서북청년단을 재건하겠다고 나선 것이다. 이 땅 방방곡곡에서 억울하게 죽어간 수많은 사람들은 불귀의 객이 되어 그 억울한 사정조차 말하지 못하는데, 가해자들은 기고만장하게 잘 먹고 잘 사는 야만의 땅…. 결국 사회 구성원의 인성 평균치가 가해자 쪽에 성큼 다가서 있는 것은 아닌지 묻게 된 것이다. 인간의 이름으로 성찰을 요구하면 그들이 가진 힘을 바탕으로 적반하장의 역공에 나서는 막무가내의 아수라가 따로 없다고 말하면, 소심한 서생의 넋두리일 뿐이라고 할까.

　요즘처럼 나 자신에게 수없이 정언명령을 내려야 하는 때가 없었다. 냉소나 무기력증에 빠지지 마라. 잘 못 쓰는 글이나마 계속 써야 할까? 〈르몽드〉와의 인터뷰에서 토마 피케티는 끝까지 민주주의에 기댈 수밖에 없다면서 이렇게 말했다. "나는 우리를 통치하는 자들을 위해 책을 쓰지 않는다. 어차피 그들은 책을 읽지 않는다. 나는 책을 읽는 사람들을 위해 책을 쓴다. 시민들, 노동조합원들, 모든 성향의 정치 활동가들을 위해 쓴다."

2014. 10. 9.

# 당신이라면 어떻게 행동하겠는가

비통하고 참담하다. 이웃의 고통과 불행에 무감해진 사회라지만 이 가혹한 시간을 별일 없이 감당하는 동시대인은 어떤 인간들인가. 가슴이 먹먹해지고 자꾸만 눈물이 나려 한다. 탑승자 476명, 구조자 174명. 실종자와 사망자 302명. 시간은 속절없이 흘렀고 기적은 일어나지 않았다. 실종자가 사망자로 바뀌었을 뿐.

본디 실종자라는 말은 올바른 정명(正名)이 아니었다. 공자는 『논어』에서 "명칭과 실질은 일치해야 한다"고 가르쳤다. 사람들은 모두 배 안에 갇혀 있었다. 실종자는 "종적을 잃어 간 곳이나 생사를 알 수 없게 된 사람"을 뜻한다. 국민 모두 알고 있었다. 생사는 알 수 없지만 종적을 잃은 사람들이 아니었다는 점을. 실종자보다는 긴급 구출 대상자라고 불러야 마땅했다. 정부 당국은 연일 함정 수백 척, 항공기 수십 대, 잠수요원 수백 명이 구조 활동에 나섰다고 발표했다. 나만 그랬을까, 그 숫자들이 공허하게 다가왔다. 하물며 생때같은 자식을 칠흑같이 어둡고 차

가운 사지에 두고 속수무책으로 발만 동동 구른 부모들에게 그 숫자는 무엇이었을까. "국가는 재해를 예방하고 그 위험으로부터 국민을 보호하기 위해 노력하여야 한다"는 헌법 제34조에 값하는 것이었던가. 그 숫자들은 긴급 구출이 요청되는 국민을 실종자로 규정한 뒤 '실종자 수색' 교범을 따른 군사행정의 결과물이 아니었을까.

실상 긴급이란 말도 부족했다. 순간순간이 경각과 같았다. 바로 눈앞에서, 코앞에서, 300명에 이르는 국민이 절망 상태에 빠져 있었다. 국가라면, 국가다운 국가라면 국가가 가진 모든 수단을 동원하여 그들에게 구조의 손길을 뻗는 일에 총력을 집중해야 했다. 군, 관, 민의 구분이 있을 수 없었다. 모든 역량과 지혜를 모아야 했다. 그런데 〈뉴스타파〉의 보도에 따르면, 침몰 첫날 실제로 잠수한 요원은 단 16명. 이틀날에도 38명뿐이었다. 절체절명의 시간이 그렇게 흘러갔다. 유속이 빠르고 시계(視界)가 좁아 잠수 자체가 어려웠다고 한다. 하지만 '대천명(待天命)' 이전에 '진인사(盡人事)'가 없었다는 점을 부인할 수 없다. 하늘을 탓하기 전에 국가가 할 수 있는 일을 다하지 않았다. 가족들의 분노와 절망은 무엇보다 이 점에 있다. 대통령을 비롯하여, 단 1초가 여삼추인 가족들의 애타는 심정에 마음으로 공감할 줄 아는 정부 당국자를 찾을 수 없었다. 마음이 없거나 부족하니, 행동이 따를 리 없었다.

무릇 못난 자일수록 자신의 무능을 탓하기에 앞서 남부터

탓한다. 높은 지위에 오른 사람에게 그에 맞는 능력과 책임 의식
이 요구되는 것은 이 때문이다. 실낱같은 희망조차 절망으로 바
뀌어가자 박근혜 대통령은 세월호의 선장과 선원들을 지목해
"살인과 같은 행태"라고 말했다. 〈월스트리트 저널〉의 비판적 지
적도 있었지만, 대통령이 '살인'이나 '암' 같은 용어를 사용하는
것 자체가 상서롭지 못한 일이다. 특히 나 같은 사람에게 살인이
라는 말은 살인 정권을 떠오르게 하고, 박정희 정권과 전두환 정
권을 되돌아보게 한다.

　나도 물론 세월호의 선장과 선원들을 옹호할 생각은 조금
도 없다. 그들은 비난받아 마땅하다. 특히 승객들에게 가만히 있
으라는 방송을 계속 내보내면서 자신들만 아는 통로를 이용하
여 탈출한 것은 그 어떤 변명으로도 용납될 수 없다. 그럼에도
나는 동시대를 사는 사회 구성원에게 묻고 싶다. 당신이 그 자리
에 있었다면 누구처럼 행동했겠는가? 승객들을 사지에 두고 자
신들의 도생만을 꾀한 선장이나 선박직 선원들처럼 행동했겠는
가, 아니면 승객들에게 구명조끼를 건네주고 살아 나오도록 도
와준 뒤 목숨을 잃은 박지영 씨처럼 행동했겠는가. 이 상황에서
박근혜 대통령의 지지율을 저울질하는 이른바 언론인에게, 바
다가 세월호를 완전히 삼킨 날에 기념사진을 찍은 분에게, "청
와대 안보실은 재난 사령탑이 아니"라면서 책임론에서 벗어나
려는 청와대 인사에게 정말로 묻고 싶다. 그대가 그 선장과 선원
의 자리에 있었더라면 어떻게 행동했을 것인가. 워낙 높은 분들

이어서 그런 하찮은 자리에 있을 일은 결코 없다고 답할 것인가. 같은 물음을 나 자신에게 던졌다. 참으로 부끄럽게도 자신 있게 박지영 씨처럼 행동했을 것이라고 답하지 못했다. 그러면 젊은 이들에게 배를 벗어나도록 도와주고 자신도 일단 살아남았지만, 결국에는 자신이 목격했던 참담한 상황에 스스로 목숨을 끊은 단원고 교감 선생처럼 행동했겠는가? 이 물음에도 솔직히 자신 있게 대답하지 못했다.

이어서 '타이타닉호의 에드워드 스미스 선장이나 선원의 자리에 있었다면?' 하고 물어보았다. 이 질문에 대한 내 대답은 먼저와 달랐다. 단 한 명의 승객이라도 더 구하려고 마지막 순간까지 노력하다가 마침내 두 동강 나서 심해로 빠져 들어간 타이타닉호와 함께 장렬하게 수장되는 길을 택했을 것이라는 생각이 들었다. 이 차이는 어디에서 비롯된 것일까? 20세기 초 타이타닉호의 선장과 선원 같은 선장과 선원을 21세기 한국에선 찾을 수 없기 때문인가. 세월호 선장은 1년 계약직으로 비정규직이다. 다른 선원들도 다수가 비정규직이다. 그들에게 배는 다만 밥벌이를 해주는 임시적 일자리에 지나지 않았다. 타이타닉호의 선장이 마지막 순간까지 움켜쥐었던 키는 타이타닉호와 자신이 운명 공동체임을 보여주는 상징물이다. 그것은 직업으로서의 소명 의식과 함께 자존감 그리고 고결함까지 형성케 했을 것이다. 한국의 선장과 선원들에게는 그런 상징물이 없다. 배와 운명을 같이한다는 일체감도 애착도 없는데다 선장을 중심으로 하는 일사불란함도 없다. 그들에게 배와 운명을 같이한다는 생각이 조금이라도 있었더라면 선체 고장이 자주 일어났는데도 '괜찮겠지' 하면서 대충 넘어가진 않았을 것이다.

자본의 이윤 추구를 용이하게 함으로써 일자리를 창출하겠다는 것, 이것이 박근혜 대통령이 강조하는 '줄푸세(세금은 줄이고 규제는 풀고 법치는 세우겠다)'의 핵심 논리다. 이명박 정권은 경비 절감을 이유로, 20년으로 제한된 여객선 선령을 30년으로 연장해주었다. 돈벌이에, 자본의 이윤 추구에 바빠서, 사람의 안전은 고려 사항에 들어가지 못한다. 온통 탐욕의 덩어리가 되어버린, 차라리 뻔뻔함이 성공의 열쇠가 된 사회다. 중고 배를 수입해 증축해도 안전 검사를 쉽게 통과하고, 컨테이너를 결박하지 않은 채 과적해도 단속당하지 않는다. 이것이 세월호만의 일이겠는가. 사회 전체적으로 만연되어 자리 잡힌 경향이고 흐름이다. 이른바 신자유주의 시대, 자본과 국가기관은 탈규제에 있어서 한통속이었다. 모든 규제를 암이라고 규정한 박근혜 정권의 시대에는 더 이상 말해 무엇하겠는가.

탑승자와 구조자의 수조차 제대로 파악하지 못할 만큼 국민의 안전과 생명에는 무능하기 짝이 없는 정부가 유언비어를 퍼뜨리는 사람을 엄단하겠다고 윽박지른다. 유언비어가 신뢰 없는 사회의 반영물이라는 점을 생각하면, 정부가 그 진원지임을 모르는 것인가. 책임 의식은 추호도 없는 행태다. 그들은 이미 "국민의, 국민에 의한, 국민을 위한 정부"가 아니라 '권력의, 권력에 의한, 권력을 위한 정부'인 것이다. 돈과 자본 앞에서 오래전에 사회가 무너졌듯이, 대학과 언론이 무너졌듯이, 민주주의는 이미 죽었다.

지금 이런 말들이 무슨 소용이 있을까? 넉넉지 못한 살림에 쌈짓돈을 모아 수학여행을 보낸 자식들은 영영 부모 곁으로 돌아오지 못한다. 희생자들에게 그리고 그 가족들에게 동시대를 사는 사회 구성원의 한 사람으로서 송구하고 또 송구할 뿐이다. 이 잘못된 사회의 흐름을 막지 못한 무능함도 큰 죄일 터, 망자들에게 명복을 빈다고 말하기에도 면목이 없다. 더 이상 무슨 말을 할 수 있겠는가.

2014. 4. 24.

---

세월호 이후는 세월호 이전과 완전히 달라져야 한다고 했다. 하지만 6년이 지난 지금까지 진상 규명조차 이루어지지 않았다.

5부

——————— 갈 길이 멀더라도

# 무엇으로 진보인가

이명박·박근혜의 보수정권과 대비시키기 위해서인 듯하다. 문재인 정권은 통상 '진보정권'이라고 불린다. 4·15 총선에서 더불어민주당이 압승한 뒤에는 진보정권이라는 말이 더욱 폭넓게 쓰이고 있다. 1958년 이승만의 자유당 정권이 조봉암 진보당 당수를 법살한 뒤, 진보는 국가보안법 아래에서 빨갱이의 언어로 오랫동안 금기시되었다. 그러다 마침내 진보정권이 성립되었고 장기 집권까지 전망되고 있다니, 나름 진보 이념을 껴안고 살아왔다고 자부하는 나로선 감개무량할 수밖에 없다. 그런데 노무현 정권 당시에는 그래도 살아 꿈틀대던 국가보안법 폐지나 국공립대 통합 요구는 잘 보이지 않고, 재벌개혁을 요구하는 목소리도 검찰개혁과 언론개혁을 요구하는 목소리에 비해 거의 들리지 않는다. 『코끼리는 생각하지 마』의 저자 조지 레이코프는 "자유를 빼앗기는 것도 위험한 일이지만, 자유 개념을 빼앗기는 것은 더 위험하다"고 했다. 마찬가지로 진보 개념을 빼앗기는 것 또한 위험한 일이다. 그래서 묻는다. 문재인 정권은 무엇으로 진보인가?

　미리 말하지만, 진보의 이념과 진보정권(정치)의 현실 사이에 놓인 괴리가 문재인 정권만의 문제는 아니다. 가령 한국 언론은 『21세기 자본』에 이어 최근 한국에서 출간된 토마 피케티의 『자본과 이데올로기』를 크게 소개하면서도, "자본주의와 사적 소유를 넘어서서 참여사회주의와 사회연방주의에 기반한 정의로운 사회를 수립하는 것은 가능하다"는 그의 이념을 한국 사회라는 현실 속에서 모색하는 일에는 아예 관심이 없다. 워낙 그런 역량이 없지 않으냐고? 일면 그럴듯한 변명이지만, 〈한겨레〉처럼 진보를 표방한 언론이라면 다음의 구체적 실천 과정에 개입하고 담지할 정치사회적 역량을 키우고 고무하기 위한 고민과 노력 그리고 실천에 나섰어야 마땅하다. 즉 "이것은 특히 사회적 일시 소유체제 확립을 경유하는데 이 체제는 한편으로는 기업 내 임금노동자들과의 의결권 및 권력 분유와 그 상한 설정에, 다른 한편으로는 강력한 누진소유세와 보편적 자본 지원과 재화의 지속적인 순환에 기초한다. 또한 이것은 누진소득세 및 탄소 배출의 집단적 규제로 이루어진 체계를 내포하는데, 이 체계를 통해 사회보장-기본소득-생태주의적 이행-실질적인 평등주의 교육권의 시행을 위한 재원을 조달할 수 있다."(『자본과 이데올로기』, 1087쪽)

　오늘날 더욱 격심해지는 불평등주의 체제의 극복이 진보

(정치)의 핵심 과제라면, 피케티가 적시한 임금노동자의 의결권과 권력 분유, 강력한 누진소유세, 기본소득을 넘어선 보편적 자본 지원, 탄소 배출의 집단적 규제, 실질적인 평등주의 교육권 등 가볍게 넘길 수 있는 사안은 하나도 없다.

지난 6월 23일 경실련은 기자 회견을 열었다. 그리고 문재인 정부 3년 동안 서울 아파트값이 올라 493조 원의 불로소득이 발생했다고 지적했다. 서울 아파트 중위값이 이명박 집권기엔 3퍼센트 하락했고 박근혜 정부 시기엔 29퍼센트 상승했던 것에 비해, 문재인 정부하에서는 52퍼센트나 올라 불로소득 불평등 격차가 보수정권 때보다 심해졌다는 것이다. 경실련은 문재인 정권이 "집권 초부터 부동산 투기를 조장하는" 한편, "공시지가를 현실화하지 않고 분양가 상한제 도입을 주저했으며 부동산 부자들에게 감세를 유지했"기 때문에 서울 아파트 가격이 치솟은 것이라고 지적했다. 문재인 정권이 가장 뼈아프게 들어야 할 부분은 소득 3분위 가구(5분위별 가처분소득 기준)가 서울 중위가격 아파트를 사는 데 걸리는 시간이다. 이명박 정부 집권기에는 그 기간이 16년에서 13년으로 줄었고 박근혜 정부 집권기에는 13년에서 15년으로 늘어난 것에 비해, 문재인 정부는 임기 초에 16년이었다가 지금은 22년으로 대폭 늘어났다고 한다. 진보정권 아래에서 이렇게 부동산값이 치솟은 것을 '브라만 좌파(학력엘리트)와 상인 우파의 공모'로 설명할 수 있을 듯하다.

1990년 전후 현실사회주의권이 무너진 뒤, 서유럽의 사민주의 정치세력(브라만 좌파)은 노동계급에겐 등을 돌리고 세계화에 올라타는 길을 택했다. 이념적으로 왼편에서 끌어당기는 외부 동력이 사라지자, 대의제의 표밭을 넓히기 위해 우경화가 시작되었다. 집권 전략으로서 우경화는 실제로 효과를 발휘했다. 영국 노동당은 신노동당(토니 블레어)을, 독일 사민당은 신중도(게르하르트 슈뢰더)를, 프랑스 사회당은 사회적 자유주의를 표방했고, 이런 우경화에 대한 반대급부로서 또는 학력 엘리트답게 '정치적으로 올바른' 정체성 정치를 추구했다. 녹색 가치가 강조되고 페미니즘에 대한 논의가 활발해졌다. 덕분에 서유럽의 성소수자들은 1990년대 프랑스의 사회연대계약(PACS) 같은 생활동반자법을 거쳐서, 2001년 네덜란드의 동성결혼권과 함께 '해방의 세기'인 21세기를 맞게 되었다.

최근 수원 영광제일교회 이동환 목사가 교회 재판에 넘겨졌다. 지난해 8월 31일 인천 퀴어문화축제에서 성소수자들에게 꽃잎을 뿌리며 축복했다는 것이 이유다. 조계종 사회노동위원회 소속 차별금지법 제정연대 회원들이 국회 앞에서 차별금지법의 조속한 제정을 촉구하기 위한 오체투지를 했다. 장혜영 정의당 의원은 '성적 지향'과 '성별 정체성'뿐만 아니라 '경제적 차별'까지 금지하는 차별금지법의 성안을 마치고 공동 발의자를 구하고 있다. 국가인권위원회도 차별금지법 제정을 올해 목표로 삼고 있다. 그런데 진보정권의 여당 국회의원들한테서는 아무 소리도 들리지 않는다. 내 기억에 남아 있는 것이라곤 19대 국회에서 민주당의 김한길·최원식 전 의원이 발의했던 차별금지법 법안을 자진 철회했던 일, 문재인 대통령 후보 시절 성소수자들의 목소리를 잠재우기 위해 울려 퍼졌던 "나중에!"라는 외침 소리, 그리고 박영선 중소벤처기업부 장관과 김진표 의원 등이 '동성애를 반대한다'고 노골적으로 밝혔던 일뿐이다.

안타깝고 분하게도 남북 관계가 파탄 난 지금, 문재인 정권에게 진보는 무엇으로 남아 있을까? 노동 존중이 있지 않으냐고? 그렇다, 문재인 정권에서 노동은 '1'순위다. 다만 기업이 '0'순위일 뿐이다. 코로나19 사태에 문재인 정권은 '기업을 반드시 지키겠다'며, 긴급자금 100조 원 투입을 결정했다. 반면, 이 유행성 질병이 확산되는 동안 노동자들에게 직접 휴업수당을 지급하고 해고를 금지하라는 노동계의 요구는 묵살했다.

현재 한국의 진보 세력은 검찰과 언론 한두 곳을 진영 속에 묻은 채 정조준하고 있다. 만약 윤석열 검찰총장이 물러나기라도 하면 진보 세력의 할 일은 거의 끝날 듯한 놀라운 시절 아닌가.

2020. 6. 25.

# 거리낌 없는 타락의 정치

4·15 총선이 3주도 남지 않은 오늘, "모든 국민은 자기 수준의 정부를 가진다"던 19세기 유럽의 반동적 보수주의자의 말이 뇌리를 때린다. 3년 전 촛불을 들어 박근혜·최순실 국정농단 세력을 몰아냈던 우리의 정치의식은 거대 양당 정치 세력에 의해 알바니아나 레소토 수준으로 격하되었다. 독일이나 뉴질랜드라면 감히 저지르지 못할 파렴치한 행위를 거대 양당이 노골적으로 행하고 있기 때문이다. 가령 100퍼센트 연동형 비례대표제를 실시하는 독일에서 의석수를 늘리기 위해 위성 정당이라는 꼼수나 변칙 행위를 벌이는 정당이 있다면 곧바로 유권자들로부터 배척될 것이다. 그들의 정치의식이 그런 반칙 행위를 용납하지 않기 때문이다. 우리가 이번 총선에서 더불어민주당과 미래통합당 그리고 그들의 위성 정당들을 심판하지 않는다면, 스스로 초라하고 낮은 정치의식의 소유자임을 인정하는 꼴이 된다.

민주당과 미래통합당(자유한국당)은 오랫동안 국민의 의사를 과잉 대표해왔다. 적대적인 두 당이지만 대의제에 있어서는 공조를 하며 기득권을 유지해왔다. 그 결과, 노동자와 서민, 장애인과 성소수자 등 사회적 약자와 소수자의 목소리는 국회 울타리 안으로 들어가기 어려웠다. 이런 역사적 현실 앞에서 비례성 원칙을 지키는 선거제 개혁은 민주주의의 성숙을 열망하는 국민의 일반의지에 속했고, 촛불 시민의 가열찬 요구 중 하나였다. 실제로 우리는 연동형 비례대표제로의 선거법 개정을 위해 1년의 시간을 보냈다. '패스트트랙'이라는 말과 달리, 느리고 답답한 시간이었고, 우여곡절 끝에 통과된 개정안은 누더기에 가까웠다. 비례 의석은 늘리지 않고 30석만 연동시키는 지극히 부족한 내용이어서 만족할 수는 없었지만, 다음 단계의 성숙을 위한 작은 발판으로 받아들였다.

그렇게 지난한 과정 끝에 획득한 비례대표제가 오늘 어떤 모습을 드러내고 있나? 우리가 목도하고 있는 것은 거대 양당의 위성 정당들이 뛰노는 놀이터가 되어버린 선거판이다! 민주 시민이라면 이들을 심판하는 것은 당연한 의무에 속한다. 최근 민변이 지적했듯이, 위성 정당이 단지 꼼수나 반칙의 문제에 머물지 않고, "훨씬 심각한 헌법적 문제점, 즉 헌법이 정한 대의제 정당 민주주의 질서를 본질적으로 침해하는 문제를 안고 있다"면 더욱 그러하다.

미래통합당은 본디 사익 추구를 위해 염치를 내던진 집단에 가까웠다. 촛불의 힘으로 집권한 여당이라면, 그들과 달리 꼼수와 변칙에 단호히 맞서면서 시민의 정치의식을 믿고 의연하게 대처했어야 한다. 그렇게 민주주의의 성숙을 도모해야 마땅했다. 하지만 민주당은 적폐 세력과 함께 진흙탕에 뛰어드는 편을 택했다. 미래한국당이 뻔뻔한 그들의 정체성을 노골적으로 드러냈다면, 민주당은 '아닌 척하면서 할 짓 다 하는' 야바위꾼을 연출했다. 즉 국회가 국민의 다양한 목소리를 대변하게 한다는 목적하에 결성된 '정치개혁연대'의 기류를 타고 위성 정당의 필요성을 띄우자, 민주당은 자기들의 입맛에 맞는 '친문 친조국' 세력인 '시민을 위하여'를 플랫폼 정당으로 선택했던 것이다. 후보 중에 성소수자가 있다는 이유로 녹색당을 배제하는 등 자신들이 다루기 어려운 정당들은 내치고, '기본소득당'과 '시대전환'을 양념처럼 곁들였을 뿐이다. 노동당은 정치개혁연대로부터도 초청받지 못했다.

이처럼 거대 양당이 정치의 타락상을 거리낌 없이 드러낼 수 있는 배경은 무엇일까? 먼저 정치 지도자의 부재를 꼽을 수 있다. 특히 문재인 대통령은, 열린민주당의 공천을 받은 후보자들이 천명하듯, 자신을 '지켜'주어야 할 국회의원이 많이 필요할 만큼 어려움에 처해 있어서 발언하지 않는 것인가? 문재인 정권은 지난 3년의 집권 기간 동안 개혁의 실적으로 내세울 만한 것이 무엇이 있을까? 그나마 준연동형 비례대표제를 꼽을 수 있지만 그 취지가 여지없이 배반당하고 민주주의의 퇴행을 불러오고 있다. 그런데도 후보 시절 선거제 개혁을 공약으로 내걸었던 대통령이 침묵하는 것을 시민의 한 사람으로서 납득하기 어렵다. 집권 자체가 목적이었을 뿐, 막상 집권하면 자신이 어떤 정치철학 아래 어떤 정책을 펼지에 대한 청사진이 없었기 때문일까?

둘째 배경은, 거듭 말하건대, 두 정치 세력이 적대적 공생 관계에 충실하기 때문이다. 민주당의 역사적인 '신의 한 수'는, 속된 표현으로 '우리 아니면 수구 적폐 세력을 찍을 거니?'였다. 그렇지만 민주당은 수구 적폐 세력이 약해지거나 사라지는 것을 바라지 않는다. 민주당의 가장 중요한 존재 이유가 자기들보다 '조금만 더 수구적이고 부패한 정치 세력의 존재'에 있기 때문이다. 가령 집권 민주당이 선거 때마다 강조해온 민생 정치를 제대로 편다면 미래통합당의 지지율이 떨어질 수 있지만, 민주당으로선 그게 달갑기만 한 일이 아닐 수도 있다. 미래통합당의 지지율이 떨어지는 만큼 민주당의 지지율이 높아질 수도 있지만, 그와 동시에 민주당보다 왼쪽에 있는 개혁 진보적 정당이 강해질 수 있기 때문이다. 촛불 시민의 힘으로 3년 전에 10퍼센트 대까지 지지율이 추락했던 자유한국당은 이제 미래통합당으로 30퍼센트 안팎의 지지율을 회복했다. 그것이 황교안 대표의 정치력 덕일까? 3년 동안 집권 세력으로서 자유한국당과 다른 점을 보이지 못한 민주당 덕이라고 해야 하지 않을까? 민주당에 '신의 한 수'는 계속 유효하게 되었고 위성 정당의 필요성도 강변할 수 있게 되었다.

두 거대 정당은 실상 자본 친화적이고 노동 배제적이라는 점을 비롯해, 정책 지향에서 그리 큰 차이가 없다. 재벌개혁과 노동개혁은 앞으로도 말만 무성하거나 시늉만 벌일 것이다. 전교조가 여전히 법외노조로 남아 있다는 점에서나, 교육개혁의 긴요성이나 성소수자 같은 사회적 약자에게 별 관심이 없다는 점에서도 그들은 별 차이가 없다. 금태섭 의원을 낙천시킨 반면, 대법 판결에도 아랑곳하지 않고 톨게이트 노동자를 집단 해고한 이강래 한국도로공사 전 사장을 공천한 민주당이 미래통합당과 얼마나 다르다는 것인가. 오늘도 강남역 철탑 위에서 반노조 삼성에 맞서 300일 가까이 시위를 벌이고 있는 김용희 씨에게 '사회적 거리두기'로 일관하고 있는 두 당은 '데이터 3법'과 '삼성보호법'이라는 별칭을 가진 산업기술보호법을 일사불란하게 통과시켰다.

위성 정당은 염치없는 정치가 연출한 막장 드라마다. 하지만 민주 시민에겐 정치 혐오와 냉소에 빠질 권리가 없다. 정치적 동물로서 우리는 분노를 적극적 참여로 표출해야 한다. 이번 총선에서 두 거대 정당과 위성 정당을 제외한 정당과 후보에게 표를 주자. 그 득표수는 한국 사회 구성원들이 얼마나 성숙한 정치의식을 갖고 있는지를 보여주는 정확한 가늠자가 될 것이다.

2020. 3. 27.

보편성은 민주주의의 본질이며 원칙이다. 만약 미래한국당(미래통합당의 비례투표용 위성 정당)의 득표율이 40퍼센트에 미치지 않는데 미래통합당의 당선자 비율은 60퍼센트에 이른다면 이를 순순히 받아들일 민주주의자가 얼마나 될까? 21대 국회의원 선거 결과, 더불어시민당(더불어민주당의 위성 정당)은 득표율이 40퍼센트 미만인데 여당의 당선자 수는 180석이다. 수도권 지역구의 경우, 더불어민주당과 미래통합당의 득표 비율은 57대 43이고, 의석 비율은 85대 13이다. 21대 국회에서 180석의 절대다수를 차지한 더불어민주당은 비례성 원칙에 반하는 선거 제도를 바꿀까?

# 상징폭력과 정신의 신자유주의화

개인적으로 이명박·박근혜 정권 시절에 비해 언론의 자유가 위축되었다고 느낄 만큼 자기 검열을 하며 이 글을 쓴다. 사모펀드가 불법이냐 아니냐를 떠나, 사모펀드와 사회주의자라는 조합은 내게 사회주의에 대한 능멸로 느껴졌다. 나는 원외 소수 정당인 노동당의 당원으로서, 지금껏 사회주의의 가치를 소중히 여겼다. 문재인 정권의 고위 공직자 중에서 스스로를 사회주의자라고 칭한 조국 법무장관이 사모펀드와 연관된 유일한 인사라고 한다.

인간은 마땅히 해야 할 일을 다하지 못하기 때문에 신이 되지 못하는 한편, 하면 안 될 일을 멈추지 않을 때 괴물이 된다. 간디는 "신은 모든 사람의 필요를 충족시켜주지만, 단 한 사람의 탐욕도 만족시킬 수 없다"고 했다. 신자유주의는 경쟁과 효율성의 이름으로 탐욕에 합리성을 부여했다. '조국 사태'를 통해 경쟁에서 이기기 위해 할 수 있는 모든 일을 하는 탐욕의 그림자를

본 것이 나만의 일일까. 나에게 그 탐욕이 불법인가 아닌가는 이차적인 문제다. 탐욕이 용인되는 것을 넘어 권장되는 신자유주의 체제 아래에서 사회가 정의로울 수 없는 것은, 가진 자와 힘센 자의 탐욕이 가진 자와 힘센 자의 것이어서 제어되기 어렵고, 그로 인해 수많은 사람이 기본적인 생존 조건조차 충족하기 어렵기 때문이다. 신자유주의 체제에서 인간의 정신은 한편으로 절제되지 않는 탐욕 때문에 인간다움을 잃고, 다른 한편으로 영혼을 잠식하는 불안 때문에 인간다움을 잃는다. 이제 '정신의 신자유주의화'가 완성 단계에 이르러 연대, 사회정의, 공공성이라는 사회주의적 가치는 조롱거리가 되거나 약자의 메아리 없는 외침으로만 남은 듯하다.

태극기 부대나 광화문 집회에 대해서는 말하지 않기로 하자. 자유한국당과 '조중동'은 애당초 사익 추구 집단으로서 민주주의와 공공성에 걸림돌이었고, 앞으로도 그럴 가능성이 크다는 점에 대해서도 재론하지 않기로 하자. 또 진영 논리가 정책과 이념을 실종시켰고, 정치인에 대한 팬덤 문화가 옳고 그름의 이성적 판단을 흐리게 한 현실에 대해서도 말하지 않기로 하자. 노동자가 비정규직으로 전락하는 일방통행만 남아 청년이 미래를 설계하기 어려운 현실에서 정치가 아무런 논의조차 없는, 모리스 블랑쇼가 "정치의 본질적 타락"이라고 말한 상황에 대해서도 길게 말하지 않기로 하자.

이 글에서 강조하려는 것은, 박근혜를 불쌍해하는 민초들이 당하는 상징폭력이 그들만의 것이 아니라는 점이다. 피에르 부르디외에 따르면, 상징폭력은 피지배자에게 사회적 위계를 정당하거나 당연한 것으로 받아들이게 함으로써 물리력에 의존하지 않고도 복종하게 하는 지배 기제다. 몸에 가하는 폭력과 달리, 상징폭력은 피지배자에게 지배자의 세계관, 의식, 욕망을 내면화하게 한다. 그 결과 피지배자는 열등감, 즉 스스로를 부정적이거나 무가치하다고 느끼게 된다. 그래서 노동자와 서민은 돈과 권력을 가진 사람, 정치인, 연예인을 바라보고 그들에게 관심을 갖는 반면, 자기와 같은 처지의 노동자 서민에게는 무관심하다. 관심이 없으니 노동자 서민이 당하는 고통과 불행에는 분노를 느끼지 않는 반면, 좋아하는 정치인과 연예인이 겪는 작은 고통과 불행에는 열화와 같은 분노를 느낀다. 프랑스처럼 공교육 등의 사회화 과정을 통해 계급의식이 형성되는 곳에서도 상징폭력이 관철된다면, 이 땅에서 "우리가 조국이다!" 같은 구호가 별 저항을 일으키지 않는 것이 이상한 일도 아니다. 서초동 집회 참석 인원이 200만 명이든 20만 명이든 11시간 압수수색에 분노했다는 그들 중에 100여 일 동안 강남역 사거리 철탑 위에서 허공의 새가 된 김용희 씨, 김용균 씨의 죽음 이후에도 위험의 외주화로 일터에서 생명을 잃고 있는 하청노동자와 이주노동자, 석 달 넘게 농성 투쟁을 벌이고 있는 톨게이트 노동자에게 관심을 갖고 분노하는 사람이 얼마나 될까. 상징폭력을 정치인들만 이용하는 건 아니다. 미디어 시장에서 이를 상업화하여 사익을 추구하는 미디어 영업자들이 있고, 이런 분위기에 영합하여 이름값을 높이려는 인사도 적지 않다.

　논리적 사유가 작동한다면, 서초동 집회에는 '조국 수호'를 외칠 사람만 남고 '검찰개혁'을 외칠 사람은 국회로 가야 마땅하다. 그러나 분노는 논리적이지 않다. "조국이 무너지면 문재인이 무너진다"고 비약하고, 여기에 노무현을 잃었던 지난날의 울분이 결합되어 두 달 전까지 적폐 세력 청산의 주역으로 영웅시되었던 검찰이 분노의 화살을 집중적으로 받는다. 노무현 전 대통령의 비극적 죽음으로 그의 지지자들은 신자유주의정책까지 성역화했다. 그의 정책에 대한 비판은 그를 부정하는 것이 되어 용납되지 않았다. 이명박·박근혜 정권에 대한 비판도 신자유주의 정책에 대한 비판으로 나아가지 못했다. 유일사상만 남은 사회에서 진보 정치의 입지는 좁아질 수밖에 없었다. 그리하여 진보 정치 세력은 민주당 안으로 수렴되거나 '민주당 2중대'로 전락했고, 그렇지 않으면 노동당처럼 유명무실한 존재로 남았다. 노무현 정권의 철도청장 아래 케이티엑스(KTX) 노동자들이 겪었던 일을, 문재인 정권의 한국도로공사 사장 아래 톨게이트 노동자들이 판박이로 겪고 있는 것은 우연이 아니다.

　누구나 말하듯이, 검찰개혁을 이루어야 한다. 그것은 고위공직자범죄수사처(공수처)보다는 기소배심제 등 검찰에 대한 민주적 통제를 법제화하고 권력의 검찰이 아닌 국민의 검찰로 거듭나도록 검찰 내부의 문화와 관행을 혁신해야 가능할 것이다.

곧 줄탁동기(啐啄同機)다. 촛불이 기대했던 노동·재벌·교육·사법 부문의 개혁은 전망이 보이지 않고, 세월호 참사 진실 규명도 진전이 없다. 남북 관계 개선은 도널드 트럼프 미 대통령의 발언에 일희일비하며 오늘에 이르렀다. 단기적으로 현실 정치에 대한 기대를 접은 나는 차라리 "검찰이 바로 서야 나라가 산다"는 명제를 붙잡는다. 상징폭력이 만연하고 신자유주의가 정부정책뿐만 아니라 사회 구성원의 정신까지 지배하는 사회에서, '삼바 분식회계' 같은 불법적 탐욕만큼은 '법의 권위'로 설 자리가 없도록 해야 한다고 보기 때문이다. 근대 민주공화국을 "자유로운 시민들이, 공동선을 목적으로 하며, 법의 권위가 지배하는 국가"라고 규정한다면, "검찰이 바로 서야 나라가 산다"는 명제는 "법의 권위가 지배하는 국가"에 일정 정도 부응한다고 할 수 있다. 재벌·사학·정치·언론·종교 등 사회 각 부문에 온갖 불법과 비리, 유착이 난무하는 땅이기에, 아직 우리가 제대로 경험하지 못한, 법의 권위라는 칼이 필요하다는 것이다.

2019. 10. 10.

이 칼럼 때문에 〈한겨레〉를 절독하겠다는
독자의 전화를 여러 통 받았다는 소식을 전
해 들었다. 나는 신문 논조에 60퍼센트 정도
만 동의해도 계속 구독해야 한다고 믿는다.
〈한겨레〉에 기고하는 독자인 나도 〈한겨레〉
에 그 정도만 동의한다. '조중동' 독자들이 대
부분 편익을 위해 신문을 구독한다면, 〈한겨
레〉나 〈경향신문〉 독자는 논조에 공감하기
위해 구독한다. 진보 신문의 어려움이 이 점
에서 비롯된다. 논조에 100퍼센트 공감할 수
없는 일인데 독자들이 그걸 원하기 때문이
다. 〈한겨레〉 창간 주주들 중에도 절독한 사
람이 적지 않다.

# 관제 민족주의의 함정

'투키디데스의 함정'(기존 패권 국가와 빠르게 부상하는 신흥 강대국이 결국에는 맞부딪칠 수밖에 없다는 의미)이 아니라 관제 민족주의의 함정이다. 가속 페달만 있을 뿐, 브레이크가 없는 관제 민족주의의 함정 속으로 미친 듯이 뛰어들고 있다. 도쿄를 여행 금지 구역으로 정해야 한다고 말하는 정치인이 있는가 하면, 150명의 지방자치단체장은 '일본 반대' 퍼포먼스를 벌이고 있다. 더불어민주당의 한 최고위원은 "당장 지소미아(한일 군사정보보호협정)를 파기하길 주문한다"며, 군이 일본의 패전일인 8월 15일에 지소미아 파기 통지서를 보내자고 한다. 횟집 스시가 공격의 빌미가 되고, 사케냐 국산 청주냐로 다투는 한국 정치의 수준은, 내년 도쿄올림픽 보이콧을 검토하겠다는 여당의 말에서 다시금 확인된다. 한 민족주의와 다른 민족주의는 적대적 공존 관계를 이룬다. 한목소리로 아베를 규탄하지만 대부분은 아베를 돕고 있다. 박근혜를 물리친 주체가 한국의 시민이었듯이, 아베를 물리칠 주체는 한국인이 아니라 일본 시민이다. 일본 시민과 척지는 대신 연대할 길을 모색하고 실천할 일이다.

가속 페달만 있고 브레이크가 없는 민족주의는 핸들도 마구잡이로 틀기 쉽다. 문재인 대통령은 지난 5일 일본의 무역 도발에 대한 돌파구로 남북 경제협력을 통한 평화 경제를 제기했다. "일본 경제가 우리 경제보다 우위에 있는 것은 경제 규모와 내수시장입니다. 남북 간의 경제협력으로 평화 경제가 실현된다면 우리는 단숨에 일본 경제의 우위를 따라잡을 수 있습니다."

'평화 경제'라는 말에 낯설어할 나 같은 국민을 위해서였을까. 문 대통령은 "평화 경제야말로 세계 어느 나라도 가질 수 없는 우리만의 미래라는 확신을 가지고 남과 북이 함께 노력해나갈 때 비핵화와 함께하는 한반도의 평화와 공동 번영을 이룰 수 있을 것"이라고 강조했다. 눈앞에 잠시 북한 땅을 지나 유라시아 대륙을 달리는 철마의 모습과 함께 장밋빛 전망이 그려지는 듯했으나, 개성공단과 금강산 관광을 재개하지 못한 현실 앞에서 희망은 가뭇없이 사라졌다.

조급하거나 강박적인 목적의식은 합리적 사유 과정을 배제하거나 왜곡한다. 나의 얕은 경제 지식은 경제의 관건이 규모나 내수시장이 아닌 생산성에 있다고 말한다. 나는 문 대통령의 발언이 쇼비니즘 민족주의에 젖어 있는 비서진에게서 나왔을 거라고 믿는다. 그렇다고 하더라도 허황된 발상과("세계 어느 나라도 가질 수 없는 우리만의 미래라는 확신을 가지고…") 경제에 관한 기본 오류를 걸러내지 못한 내용이 대통령의 공식 발언으로 나왔다는 점에서 문제의 심각성은 오롯이 남는다. 그런데 과문의 탓인지, 아니면 모두 "열두 척의 배", "죽창가", "의병"으로 표상되는 관제 민족주의에 줄을 선 탓인지 비판의 목소리를 듣기 어렵다. 여기서 우리는 청와대 권부의 의사결정과 관련하여 어빙 재니스(Irving Janis)의 '집단사고' 개념을 참조할 만하다. 그에 따르면, 집단사고는 "응집력이 강한 집단이 어떤 결정을 내릴 때 만장일치를 이루려고 하는 사고의 경향"이다. 집단사고는 낙관론에 집단의 눈을 멀게 하는 현상으로 외부를 향해서는 비합리적인 행동을 취하게 한다.

나는 개인적으로 학습을 게을리하여 실력이 부족하면서도 지적 우월감과 윤리적 우월감으로 무장한 '민주 건달'이 되지 않을 것을 자경문의 하나로 삼고 있다. 우리의 민주화 과정은 지난했다. 길고 지난했던 민주화 운동 대열의 일원으로 자신을 자리매김하는 이른바 '86세대'의 대부분은 윤리적 우월감을 갖고 있다. 반민주적 독재 체제이자 매판적이었던 이승만-박정희-전두환 정권에 맞서 싸운 당사자로서 당연한 일이기도 하다. 그뿐만 아니라 이들 대부분은 선배의 권유로 몇 권의 이념 서적을 읽은 것을 근거로 지적 우월감을 갖기도 한다. 그리고 그들은 민족주의자들이다. 지적 우월감과 윤리적 우월감으로 무장한 민족주의자에게서 자기 성찰이나 '회의하는 자아'를 기대하는 것은 연목구어와 같다. 나침반은 자리를 옮길 때마다 방향을 지시하기 전에 바르르 바늘을 떨지만, 이들에게선 그런 면을 조금도 기대할 수 없다. 분단 상황은 시민사회 운동의 모든 장에서 민족주의 세력이 다수파를 형성해 헤게모니를 장악하게 했다. 그들의 대척점에 있는 〈조선일보〉나 자유한국당의 조악한 담론 수준은 학습의 필요성을 느끼지 않게 했다. 상호 간에 토론하고 설득하는 관계가 아니라, 힘으로 제압하거나 제압당하는 관계일 뿐이기 때문이다.

급기야 촛불에 힘입어 기적처럼 정치권력을 장악하게 되자, 이들 중 적잖은 현실 정치 예비군에게 공공 부문의 괜찮은 일자리를 차지할 기회가 생겼다. 정서적으로 끈끈히 연결되어 있는 이들 사이에도 일종의 '우리가 남이가!' 문화가 있다. 나는 공교육과 관련한 문 대통령의 공약(公約)이 공약(空約)이 되는 걸 목도하면서 이들의 집권 목표가 정치철학의 실현보다는 이들에게 일자리를 제공하는 것에 있지 않은가 생각하기도 했다. 문 대통령의 최측근 인사라는 양정철 씨가 민주당의 민주연구원장이 되었지만 내가 이 여당 싱크탱크의 연구 역량으로 알고 있는 것은 한일 갈등이 내년 4월 총선에서 민주당에 긍정적인 영향을 미칠 것이라는 내용뿐이다.

실력이 부족하면 겸손하기라도 해야 한다. 정신 승리를 위해서일까, 상대적으로 필적할 만하다고 보여서일까. 지금 관철되는 관제 민족주의는 미국에 대한 자발적 복종에 비추어볼 때 지극히 선택적이다. 문재인 정부는 한국이 국제법을 위반했다고 주장하는 아베 정권의 경제 도발 가능성을 8개월 전부터 인지하고 있었다. 그럼에도 모든 외교력을 한반도 평화 프로세스에 집중하면서 이를 무시했다. 정부는 한일 관계의 위기 대응에 소홀했던 과오를 인정하고 관계 복원을 위해 노력을 기울이는 대신, 관제 민족주의를 동원하여 맞서고 있는 것이다.

그러나 극일의 정신 승리는 잠깐이고 경제 쓰나미가 민생을 돌이킬 수 없는 지경으로 할퀼 수 있다. 멈춰야 한다. 민주당 최고위원의 말처럼 "이 땅에 친일 정권을 세우겠다는 일본의 정치적 야욕"이 실현될까 두렵기 때문이다. 자유한국당이나 〈조선일보〉와 같은 수구적 매판 세력보다는 그래도 현 집권 세력이 훨씬 낫기 때문이다. 이미 흔들리고 있는 소득 주도 성장과 노동 존중 사회가 완전히 물 건너가선 안 되기 때문이다. 또한 국민연금을 탈취한 삼성 이재용이 극일 경제의 아이콘으로 등장하는 일이 일어나선 안 되기 때문이다.

지금 강남 한복판, 만 60세의 김용희 씨는 한 평도 안 되는 철탑 위에서 60일 넘게 농성하고 있다. 노동조합을 결성하려다 삼성의 잔혹한 탄압으로 만신창이가 되어버린 몸으로 마지막 사투를 벌이고 있다. 그가 소멸하도록 내버려둔 채 일본 전범기업에 강제 동원된 조선 노동자의 인권을 말하려는 것인가. 우리 자신부터 돌아보자.

2019. 8. 8.

불온한 자의 눈에는 '민주 건달'들의 세상이
된 듯하다. 이들은 선택적, 변용적 민족주의
와 재벌 주도 경제를 추구하면서도 진보, 심
지어는 좌파 세력이라는 말을 듣는다. 흥미
롭게도 그들은 그것을 부정하지도 않는다.

# 새로운 성채를 짓는 일

촛불로 획득한 개헌의 기회를 촛불 없이 실현할 수 있을까? 또 문재인 대통령의 진취적이고 과감한 지도력 없이 난관을 돌파할 수 있을까? 대단한 '사회적 기포'도 시간이 흐르면 잦아들기 마련이다. 사람은 희망찬 변화에 대한 기대가 있다고 해도 불안한 상태를 오래 견디지 못한다. 변혁적 국면은 다시 정치로 귀결된다. 하지만 진보 정당과 시민사회의 역량이 아직 취약한 한국에서 정치는 공작 정치의 외피만 남고 통치와 행정으로 수렴된다. 촛불을 들었던 시민 대부분은 지금 청와대와 국회를 바라보는 객체로서, 찬사 혹은 불만의 소리만 내고 있다.

본디 기존의 구조나 성채를 무너뜨리는 일이 그것을 지키는 일보다 훨씬 어려운 법이다. 그런데 그보다 더욱 어려운 일이 있으니 바로 새로운 구조와 성채를 짓는 일이다. 우리는 박근혜 정권을 무너뜨리는 데는 성공했다. 하지만 이제는 '이명박근혜' 이후를 설계하고 경제 양극화를 구조화한 '87년 체제'를 극복하여 고루 더불어 사는 세상을 열어야 할 시점이다. 누군가의 말처럼, 옛것은 사라졌으나 새것은 아직 자리 잡지 않은 위기이자 기회의 시간에 개헌은 가장 중요한 주춧돌이 되어야 한다. 그렇다면 그 실현 가능성은 어떨까?

1년 가까운 시간을 허투루 보낸 국회 개헌특위가 11월 22일부터 개헌 논의에 들어갔다. 기본권, 지방분권, 경제·재정, 사법부, 정당 선거, 정부 형태(권력 구조)에 대해 3주 동안 논의할 예정이다. 그러나 기본권이나 정부 형태뿐만 아니라 개헌 시기에 대해서도 자유한국당은 홍준표 대표를 비롯하여 반대 입장을 분명히 밝히고 있다. 4당 합의로 국회에 개헌특위를 구성한 것이 올해 1월의 일이었다. 하지만 지난해 4월 총선과 올해 5월 대선으로 제1당과 여당이 된 더불어민주당도 아직 개헌에 대한 당론이 없다. 앞으로 논의 사항마다 자유한국당의 반대에 부딪히면서 중구난방으로 진행되다가 마침내 표류할 공산이 크다. 30년 만에 갖게 된 개헌 기회임에도 국회와 정치권은 국민에게 했던 약속을 가볍게 보고 있고, 국민 대다수 또한 개헌 가능성에 대한 의구심과 함께 무관심과 냉소를 보내고 있다.

실상 국회의원 다수가 민주주의자라면 개헌 이전에 개헌보다 훨씬 쉽고 간단한 비례대표제를 이미 법제화했어야 마땅했다. 현행 헌법 제41조 1항은 "국회는 국민의 보통·평등·직접·비밀선거에 의하여 선출된 국회의원으로 구성한다"고 규정하고 있다. '1인=1표'가 보통선거의 구현이고 '1표=1가치'가 평등선거의 구현이라고 할 때, 이를 위해선 비례대표제가 필수적이다. 하승수 비례민주주의연대 공동 대표가 힘주어 말하듯, 지금과 같은 소선거구제 아래에서는 다수당을 찍은 한 표가 소수 정당을 찍은 한 표에 비해 심지어 열 배 이상의 가치를 갖기도(지방선거의 경우) 한다.

그 때문에 국회의원 수가 360명까지 늘어나더라도 그만큼 비례대표 의원의 수를 늘려서 독일식 연동형 비례대표제를 도입해야 한다고 강조하는 것이다. (독일식 연동형 비례대표제에 대해, 지역구로 50퍼센트, 정당 투표로 50퍼센트를 따로 선출하는 것으로 잘못 알고 있는 분이 많다. 지역구에서 50퍼센트를 일단 선출하지만, 의원 총수는 정당별 득표 비율에 정확히 맞추게 되어 있다. 예컨대 어느 정당이 지역구에서 한 사람의 당선자도 내지 못했지만 정당 투표에서는 10퍼센트의 지지를 얻었다면 그 당은 의원 총수의 10퍼센트를 차지하게 된다.) 현행 대의제는 현행 헌법에 담긴 평등선거의 원칙을 배반하고 있다. 비민주적 제도 아래 선출된 국회에서 민주주의의 확장을 위한 개헌이 어디까지 가능할까?

문제는 여기서 멈추지 않는다. 최근 '1인=1표'의 보통선거 원칙을 빙자하여 비민주적 견해도 민주적 견해와 동등하다고 주장하는 '탈진실(post-truth) 정치'가 대두되고 있다. 이는 '트럼프 현상'과 관련하여 미국의 비판적 지식인들이 내놓은 개념으로, 이제 진실 여부는 정치에서 중요한 요인이 아니게 되었다는 것이다. 설득보다 선동이 잘 먹히는 배경도 바로 이것이다. 그런데 이런 현상이 미국보다 덜하지도 않은 한국에서, '보수'라기보다는 차라리 '반동'에 가까운 자유한국당이 국회에서 개헌 저지선을 넘는 116석을 차지하고 있는 현실에서 어떤 개헌이 가능할까?

그뿐만이 아니다. 일찍이 볼테르가 광신자는 열성적이라고 지적했듯이, 극우 또는 '오로지 사익 추구'에는 그 자체에 열성이 내재해 있지만, 과연 촛불에도 그런 열성이 내재해 있을까? 개인적으로 나는 개정 헌법의 기본 정신은 평등이 중심이 되어야 한다고 본다. 그래서 '1표=1가치'의 평등선거를 실현해줄 비례대표제를 이미 강조했거니와, 경제적 평등의 물적 토대로 기본소득과 함께 '동일노동 동일임금'을 비롯한 비정규직 문제 해결을 중요한 과제로 보고 있다. 경제민주화의 경우 현행 헌법이 70년 전의 제헌헌법에 비해 훨씬 뒤떨어져 있다는 게 중평이다.

난 곰곰이 생각해본다. 나 자신은 가령 차별금지법에 성정체성을 제외할 것을, 또한 성평등이 아닌 양성평등을 완강하게 주장하는 사람들에 비해 열성적일까? 이미 개헌 관련 사이트마다 "성적 지향 차별금지법 반대, 성평등 반대, 난민법 반대, 국민을 사람으로 변경하는 것 반대"라는 내용의 댓글이 도배되고 있다. 열성이 조직적으로 움직이고 있는 것이다. 냉정히 말해, 조직적이지 않은 촛불은 다만 숫자로만 겨룰 수 있을 뿐이다.

잠시 박근혜 탄핵에 새누리당 의원의 절반 가까이가 찬성표를 던졌던 1년 전을 되돌아보자. 그들이 그렇게 물러서야 했던 것은 그러지 않으면 촛불이라는 거대한 '사회적 기포'가 어떻게 진화할지 두려웠기 때문이다. 이를테면 박근혜 탄핵은 촛불의 수적 위력에 의한 수동 혁명의 성격이 짙다고 말할 수 있다. 그 뒤 새누리당은 자유한국당으로 이름을 바꾸었고, 30여 명의 의원이 탈당해 '바른정당'을 꾸렸다. 하지만 그중 다수가 두 차례에 걸쳐 다시 자유한국당으로 되돌아갔다. 촛불을 들었던 민주 시민이라면 이 흐름을 주목해야 한다. 문재인 정부가 들어서고 촛불이 잦아들면서 그들에게 1년 전에는 두려웠던 국민이 이젠 보이지 않으며, 꺼진 촛불이 다시 타오르지 않으리란 믿음도 생겼다는 뜻이겠다.

그러나 개헌은 기필코 실현해야 한다. 30년 만에 찾아온 기회를 놓쳐선 안 된다. 그것은 공자의 말대로 정명에서 시작되어야 한다. 기본권의 주체를 '국민'에서 '사람'으로 확대하는 것은 물론, 근로(자)는 노동(자)으로, 양성평등은 성평등으로, 신체장애자는 장애인으로, 여자는 여성으로 정명해야 한다. '신체장애자'와 같은 용어를 헌법에 담고 있는 것은 실로 부끄러운 일이다. 이런 당연지사를 위해서도 촛불을, 수많은 촛불을 필요로 할 만큼 우리의 정치 구도는 왜곡된 민의 위에 세워져 있다.

우리는 잘 알고 있다. 정명의 첫출발부터 커다란 난관이 있다는 것을. 여기서 그 무엇보다 절실한 것이 문재인 대통령의 지도력이다. 그래서 두 손 모아 갈구한다. 촛불의 수혜자가 아닌, 진실의 촛불로 미망과 억지의 땅을 밝게 비추는 지도자, 그리하여 "안으로는 국민 생활의 균등한 향상을 기하고 밖으로는 항구적인 세계 평화와 인류 공영에 이바지함으로써 우리들과 우리들의 자손의 안전과 자유와 행복을 영원히 확보할 것을 다짐"한 헌법 전문의 정신을 구현함에 있어서 그 어떤 존재도 배제되지 않도록 앞장서는 정치 지도자를.

2017. 11. 23.

---

'사회적 기포'는 예상했던 대로 금세 잦아들었다. 변혁적 국면은 기성 정치로, 정치는 통치와 행정으로 수렴되었다.

# 모두의 인간다운 삶을 위해

지난 8월 30일 광화문 광장에서 기본소득 개헌 운동의 출범을 알리는 기자 회견이 있었다. 개정 헌법에 기본소득 조항을 넣기 위한 시민운동 주체로서 '온국민기본소득운동본부'의 발족을 알리는 자리였다. 그러나 대부분의 언론은 그냥 지나쳤다. 정치를 다만 통치와 행정으로 인식하는 언론한테 시민의 주체적 정치 행위는 그리 중요하게 보이지 않을 수 있다. 물론 언론만의 문제는 아니다. 촛불이라는 '사회정치적 기포'는 최고의 통치권자이며 행정 수반인 대통령을 뽑는 일정이 가시화되자 곧바로 잦아들었다. 정치는 통치와 행정으로 수렴되었고, 촛불로 뜨거웠던 광장은 다시 시장에 자리를 내주었으며, 시민은 소비자로 되돌아왔다.

그러나 강조하건대, 87년 6월 항쟁으로 획득한 참정권 확대 개헌 이후 30년 만에 찾아온 개헌 일정에서 시민의 자발적인 움직임만큼 중요한 것은 없다. 국민이 개헌 발의조차 할 수 없는 현행 헌법 아래에서는 청와대와 국회를 바라보기만 해야 한다는 점에서뿐만 아니라 자유한국당이 개헌 저지선을 확보하고 있는 상황이기에 더욱 그렇다. 가령 자유한국당이 연동형 비례대표제를 쉽게 받아들일까? 어럼없을 것이다! 박근혜 탄핵에 절반 가까운 새누리당 의원이 찬성했던 것은 순전히 촛불의 힘이었다. 실상 박근혜 탄핵은 수동 혁명적 성격이 강했던 것이다. 문재인 대통령은 취임 100일 기자 회견에서 "국민주권, 지방분권을 위한 개헌은 충분히 공감대를 이루었다"고 말했지만, 정치공학적 싸움으로 시끄러울 지방선거 기간에 촛불에 버금가는 시민의 압력 없이 개헌이 가능할까? 더욱이 엄중한 북핵 문제가 가로놓여 있는 가운데 과연 어떤 개헌이 가능할까?

그런데 촛불 이후 이 땅에 상륙한 것은 시민혁명이 아니라 4차 산업혁명이었다. 그리고 놀라운 속도로 한국 땅을 점령하기 시작했다. 2016년 1월 다보스 경제포럼의 보고서에 처음 등장한 '4차 산업혁명'은 그로부터 1년 남짓이 지난 2017년 2월 문재인 대선 후보의 연설문 '미래를 위한 담대한 도전, 4차 산업혁명'에 등장했다. 그사이에 삼성과 현대 등 재벌 기업의 경제연구소에서 관련 보고서를 냈다는 건 우연에 지나지 않을까? 설령 4차 산업혁명을 수용한다고 하더라도 그것의 긍정적인 면과 부정적인 면에 대한 면밀하고도 균형 잡힌 시각이 필요하다. 그런데 현재는 장밋빛 전망만 강조되고 있다. 하지만 나에게 4차 산업혁명은 차라리 조지 오웰이 『1984』에 그린 전체주의 세계를 전망케 한다.

인공지능, 빅데이터, 사물인터넷, 로봇, 3차원(3D) 프린터 등으로 표현되는 4차 산업혁명은 무엇보다 자본의 집중과 그에 따른 노동의 질적·양적 실추를 가져올 것이다. 디지털 기반의 생산 체계가 분리 쪽에서 융합 쪽으로 옮겨간다고 하지만, 융합은 집중의 다른 이름일 뿐이다. 자동화, 정보화, 전산화가 확산되면서 마르크스가 자본에 대한 노동의 중요한 협상 동력으로 보았던 숙련노동이 기계와 컴퓨터 그리고 로봇으로 대체되어간지 오래다. 이미 줄어든 일반 사무직과 제조업 기술자는 앞으로도 계속 줄어들 것이다.

한편, 기계나 컴퓨터를 작동시키는 기술은 소수에게만 허용될 수밖에 없다. 생산 영역과 소비 영역 사이에 엄청난 비대칭성이 있기 때문이다. 한때 화려한 전망이 구가됐던 정보기술(IT)이 가져온 일자리는 택배기사와 텔레마케터 말고 무엇이 있을까? 그 반대편에서 당대에 억만장자가 된 몇몇 사람을 제외한다면 말이다. 서비스 노동자들도 점차 사라질 것이다. 높은 실업률이 지속되면서 중산층이 붕괴되고 빈부 격차는 더욱 심해질 것이다.

한국에서 '괜찮은 일자리'는 이미 특권화되었다. 2012~2013년 강원랜드에 입사한 신입사원 518명 중 493명이 청탁자와 연결돼 있었다. 우리는 강원랜드를 '낙하산랜드'로 규정하고 분노하지만, 청탁할 만한 자리에 있으면서 스스로 절제하는 사람이 얼마나 될까? 공무원 시험이 높은 경쟁률을 보이는 것도 점점 줄어들고 있는 '괜찮은 일자리'를 반영한다. 기간제 교사의 정규직화에 반대한 전교조가 어떤 논리를 제시했든 그 배경에는 '괜찮은 일자리'로서 교사의 특권적 지위가 있음을 부인할 수 없다.

노동 없는 미래? 이제 품 팔 데가 없는 존재들은 어떻게 생존하나? 국가인권위원회가 헌법 제34조 "모든 국민은 인간다운 생활을 할 권리를 가진다"에 "국가는 법률이 정하는 바에 따라 기본소득에 관한 시책을 강구해야 한다"는 구절을 덧붙이라고 권고한 것은 인권 소관 국가기관으로선 최소한의 역할 수행이었다. '온국민기본소득운동본부'는 "모든 사람은 기본소득을 보장받을 권리를 가지며, 국가는 법률이 정하는 바에 따라 모든 사람에게 개별적으로 조건 없는 기본소득을 보장해야 한다"를 개정 헌법의 최소 요구안으로 정했다. 기본소득의 보편성, 무조건성, 개별성을 명시하려는 것이다.

제임스 퍼거슨은 구조적 대량 실업 상태에 빠진 남아프리카에서 노동에 기반하지 않은 분배가 점점 그 역할을 확장한 방식을 고찰하고, 그의 저작 『분배정치의 시대』(원저: 물고기를 줘라Give a man a fish)를 집필했다. 그는 책에서 남아프리카의 한 노인에게서 들은 얘기를 소개한다. "나는 집에 대한 권리를 원하는 게 아닙니다. 나는 집을 원합니다." 우리 헌법 제34조의 "인간다운 생활을 할 권리"의 '권리' 또한 텅 빈 기표에 지나지 않는다. 퍼거슨은 "임금노동은 점점 생산과 소비, 자본과 '대중'을 연결하는 보편적인 전달 수단으로 기능할 수 없는 것처럼 보인다. 대신 전 세계의 정권들은 도시든 농촌이든 자신의 생계가 농업과 임금노동 둘 다로부터 완전히 유리된 새로운 인구를 끌어안아야 하는 상황에 처했다"고 강조한다.

이미 시대적 소명을 마친 '완전고용-복지국가'의 기대에 갇혀 기본소득을 반대하는 사람도 있지만, 정부보조금을 줄이거나 없앰으로써 사회적 약자의 고통을 가중시킬 수 있다는 이유로 반대하는 사람도 있다. 이는 정부보조금과 병존하는 '존재의 몫'으로서 기본소득의 성격과 지속성을 고려하지 못한 탓이다. 빈곤 문제는 대부분 가난한 사람에게 생존 필수품과 서비스의 결핍 상태가 '지속된다'는 점에 있다. 기본소득은 이 문제에 직접 '지속적으로' 다가가는 것이다.

송파 세 모녀에게, 곰팡내 나는 집에서 시들어가는 94만 명의 아이(〈한겨레〉 9월 20일자 1면)와 그 가족에게 1인당 매달 30만 원씩 기본소득이 주어지는 것을 상상해보자. 벌금형을 선고받은 한국의 장발장들에게 수년 전부터 기본소득이 지급되었다고 상상해보자. 그중 대다수는 이미 생계형 범죄의 유혹에서 벗어나 있을 것이다.

우리가 너나없이 물적 소유만을 지향하면서 인간성은 훼손되었고 인간관계는 그악스러워졌다. 불안은 인간 영혼을 잠식한다. 우리를 지배하는 것이 불안이기 때문이다. 그 불안 요인을 최대한 줄이자. 우리 모두의 인간다운 삶을 위해! 국내총생산

10퍼센트면 가능하다. 토지, 금융, 지식재산, 전파, 빅데이터 등 공유재로 논의를 진전시키지 않아도 현재 한국의 국민부담률은 경제협력개발기구 최저여서 기본소득 재원으로 10퍼센트를 더 해도 경제협력개발기구 평균 수준이 될 뿐이다.

물론 상상에 멈춰선 안 된다. 참여하고 행동해야 한다. 광신자나 사익 추구 세력 또는 극단주의자보다 더 열성적으로.

2017. 9. 21.

# 마키아벨리의 겸손함

각 정당의 대통령 후보 경선에서 승리한 이들은 환한 웃음과 함께 양팔을 하늘 높이 치켜들었다. 그 하늘은 어제도 오늘도 희뿌옇다. (초)미세먼지는 한국 땅 어느 한 곳도 빈틈없이 침투하지만, 대책은 없고 경보만 울린 지 오래다. "가난은 나라도 못 구한다"는 잘못된 통념과 함께 무능한 정치에 면죄부를 건넬 또 하나의 평계가 생긴 셈이다.

워낙 비관적 전망에서 벗어나지 못한 탓일까. 현란한 수사와 장밋빛 약속으로 가득한 경선 승리자들의 후보 수락 연설은 나에게 피할 데도 없고 해결 가능성도 없는, 그래서 사회 구성원 모두가 이미 포기하고 받아들이는 희뿌연 하늘 아래가 아닌, 딴 세상에서 벌어지는 스펙터클의 한 장면처럼 다가왔다. 다음 세대에겐 별이 쏟아지는 밤하늘을 바라본 추억조차 없으리란 점을 강조하면서 지금까지 일변도로 추구해온 성장주의가 부메랑으로 돌아온 희뿌연 하늘 아래에서 우리 모두 겸손해져야 한다는 말을 하려는 것이 아니다. 사회를 보듬는 것이 정치의 본령이라면, 대선 후보자들에게는 화려한 말의 성찬에 비해 구체적 실현의 어려움에 대한 인식과 성찰적 태도가 부족하다는 점을 말하고 싶은 것이다.

이번 대선의 후보자들은 반사이익의 수혜자들이다. 박근혜 전 대통령 등 집권 세력의 국헌 문란과 법률 위반에 대한 국민의 분노가 촛불로 타오르기까지, 자신들이 정치 지도자로서 무슨 역할을 했는지 스스로 돌아봐야 하지 않을까. 또 적폐 세력과 그동안 제대로 싸워왔는지도 스스로 돌아봐야 하지 않을까. 적폐를 청산하겠다고 쉽게 말하기에 앞서, 적폐의 토대, 나아가 적폐의 구성에 작은 몫이라도 하지 않았는지를 기존 체제의 수동적 구성자로서 반성하는 모습이 전제되어야 마땅하지 않을까. 장래를 설계하기 어려운 '흙수저', '프레카리아트(precariat)', '헬조선'의 젊은 'N포' 세대에게 기성세대의 일원으로서 가져야 할 미안함은 긍정적 의미의 의욕이 넘친 탓에 흘려버렸다고 하더라도.

적폐 청산이 정상화를 가져올 수는 있지만 그것만으로 새로운 체제가 열리는 것은 아니다. 그럼에도 그 전제가 된다는 것은 부정할 수 없다. 이를 위해 필요한 것은 "국민과 함께", "국민의 뜻에 따라", "국민이 집권해야 정권 교체", "국민의 나라" 따위의 그럴듯하지만 하나 마나 한 정치적 수사가 아니다. 국민이란 말은, 국민 가운데 하루 평균 다섯 명이 산재로 사망하고 38명이 자살한다고 말할 때 사용하는 것으로 충분하다. 그렇다고 싱크탱크 요원이 1000명이 넘는다는 위세가 필요한 것도 아니다. 그들 모두에게 조언을 구한다는 것 자체가 불가능하다는 점에서 그들 대부분은 논공행상 대기자들에 가깝다. 가령 '사교육걱정없는세상'은 3월 28일 "문재인 후보의 교육 공약은 대통령 탄핵 이후 새 시대를 갈망하는 국민의 목마름을 담기에는 턱없이 부족하다"고 비판했다. 싱크탱크 구성원의 숫자가 많은 게 대수가 아님을 보여준 예인 셈이다.

이 시점에 정치 지도자에게 절실히 요청되는 것은 형용모순 같지만 차라리 '마키아벨리의 겸손함'이다. 비정상-반노동-반인권으로 점철된 이명박·박근혜 정권과 맥을 달리하는 정치적 공인으로서 사회 변화를 기어이 이루겠다는 마키아벨리적 '비르투(virtu, 덕목)'의 출발점은 '나 혼자!'라는 오만성과 '나중에!'라는 비겁함에서 벗어나는 것이다. 지난 2월, 자타가 선거법 개정(만 18세 선거권, 비례대표제 등)의 호기라고 말하며 "여기가 로두스다, 여기서 뛰어라!"라고 수없이 외쳤지만, 기회는 속절없이 지나갔다. 국회에 남아 있는 수구 세력의 반대와 국회선진화법의 장벽 때문이라고 변명했지만, '나 혼자!'와 '나중에!'가 법 개정의 절실함과 그것을 위한 교섭력을 약화시켰다는 것이 진실에 가깝다.

그런데 더불어민주당의 문재인 후보와 국민의당의 안철수 후보는 지역 기반 이외에 정치철학과 정책 지향에 어떤 차이가 있어서 그렇게 다투는 것일까. 실상 정치 이념상의 차이보다는 감정적인 대립각이 더욱 크지만, 몇 가지 요인이 이런 점을 잘 드러나지 않게 하면서 이념과 정책상에 차이가 있는 듯이 만들어주고 있다. 구체적 의제와 사안에 관해 자신의 견해와 비전을 분명히 밝히기보다는 두루뭉술하게 드러내는 '모호성'이 그 하나이고, 차별금지법과 관련하여 문재인 후보가 그랬듯이 '나중에!'를 외치며 뒤로 미루는 점이 또 다른 하나다. 가장 중요한 요인은 두말할 것도 없이 오로지 '나만이' 모든 문제를 해결할 수 있다는 오만성에 있다.

적절한 예는 아닐지라도, "타자를 존중하고 타자와 맺는 윤리적 관계가 나의 유한성을 극복해준다"는 에마뉘엘 레비나스의 말을 경청하기를 바라는 것은 현 국회의 의석 분포상 그래야 법제도 변화의 작은 가능성이라도 열 수 있기 때문이다. 일탈을 용인하지 않는 축제는 축제가 아님에도 광장의 촛불 시민들은, 수구 세력에게 작은 빌미도 주지 않기 위해 작은 일탈도 경계했다. 그러나 촛불혁명의 수혜자로 떠오른 문·안 두 후보와 두 정당은 어떤가? 그들은 '국민 통합'을 외치기 전에 우선 자신들부터 통합적 자세를 가져야 마땅하다.

먼 세력보다 가까운 세력에게 더 적대성을 보이면서 국민 통합을 외친다는 것이 얼마나 모순에 찬 일인지 모르는 것인가. 특히 안철수 후보는 국민의당 소속 의원 39인과 어떻게 "낡은 과거의 틀을 부숴버리고 미래를 여는 첫 대통령"이 되겠다고 호언하는 것일까. 한국과 비슷한 시기에 프랑스에서도 대선(1차 4

월 23일, 2차 결선투표 5월 7일)이 치러진다. 사회당에서 뛰쳐나와 '전진' 그룹을 만든 39세의 신예 에마뉘엘 마크롱의 당선 가능성이 점쳐진다. 그런데 프랑스는 대선에 이어 6월에 의회선거를 치른다는 점에서 3년 동안 현 국회 의석 분포를 유지하는 우리와 다르다.

구질서는 물러났지만 새로운 질서는 아직 자리 잡히지 않은 위기인 동시에 기회의 시간. 그 핵심에 노동-경제 문제가 놓여 있다는 점에 많은 사람이 동의할 것이다. 또 한국 경제의 전망이 어둡다는 데에도 많은 사람이 동의할 것이다. 가계 부채는 폭증했고, 건설 부동산 경기와 자영업은 마지막 한계선에 다다랐으며, 구조적 내수 부진 속에서 지난 3년 동안 수출도 침체 경향이 두드러졌다. 이런 상황은 트럼프 시대가 열리면서 더욱 악화될 것이다. 그 위에 사드 배치에 대한 중국의 보복으로 한국 경제는 그야말로 사면초가의 위기에 처해 있다. 이처럼 엄중한 시기에, 재벌개혁, 검찰·국정원 같은 사정·정보기관 개혁, 선거법 개정, 직접민주주의 강화, 교육혁명 등의 구체적 방안을 놓고 경쟁하기보다 자칫 이전투구의 양상이라도 펼쳐진다면 정치에 대한 국민의 혐오감은 더욱 커지고, 수구 세력은 반격의 기회를 잡게 될 것이다.

한편, 새누리당의 분열과 약화는 아직 진보 정당의 강화로 연결되지 않고 있다. 분단 체제 아래 극우적 수구 세력이 약화될수록 그만큼 진보 정당의 입지가 강화될 거라고 전망했던 사람들에게 반성적 성찰이 요구되는 지점이다. 그럼에도 유권자의 눈으로 보면 확연히 달라진 점이 있다. 바로 사표 논리다. 진보 후보에게 표를 주면 수구 세력의 편을 들어주는 것이라는 자유주의 세력의 공격이 이젠 먹히지 않게 되었던 것이다. 촛불혁명의 덕이다. 이젠 수구 세력과 별 차이 없는 후보에게 표를 주는 쪽이 사표에 가깝지 않을까. 대선 투표일에도 희뿌연 하늘은 가시지 않겠지만, 조금은 가벼운 발걸음으로 투표장에 갈 것 같다.

2017. 4. 6.

# 요동치는 황금기와 무서운 상상


'도널드 트럼프와 마주한 유럽인들'이라는 제목의 2월 5일자 〈르몽드〉 사설은 엄중한 내용을 담고 있다. 사설은 이렇게 시작한다. "유럽인들은 알게 됐다. 도널드 트럼프는 유럽연합을 좋아하지 않는다. 그는 유럽연합의 해체를 예언했다. … 트럼프 씨는 유럽에 노골적으로 적대적인 최초의 미국 대통령이다. 유럽연합의 27개국은 정교한 대책을 세워야 한다. 비겁한 정치는 재앙이 될 것이다."

트럼프 미국 대통령의 등장이 가져온 충격파를 강렬하게 느끼는 곳은 유럽이다. 러시아의 푸틴과 가깝다고 하지만, 북대서양조약기구(NATO·나토)를 의심의 눈초리로 바라보고 브렉시트를 칭찬하면서 유럽 각국의 극우 정당을 응원하는가 하면, 유로가 저평가되었다고 독일을 맹공격하는 미국 대통령의 출현을 예상할 수 있었겠는가. 미국 내의 공업 지역(러스트 벨트)을 재건하고, 4750억 달러에 이르는 무역 적자를 줄이겠다는 트럼프의 극단적인 미국 우선주의와 보호주의가 2차 대전 이후 세계 질서의 근간이었던 대서양 양안 관계의 전략적 중요성마저 흔들고 있는 것이다. 〈르몽드〉가 사설에서 "유럽연합에 대한 교훈은 분명하다. 국방에서 최소한의 자주성을 갖추는 것으로 시작해야 한다"고 천명할 만큼.

이제 유럽 통합에 기여하고 지지해온 미국 그리고 미국과 함께 세계 자본주의 체제의 중심부를 차지해온 유럽의 관계가 70여 년 동안의 황금기를 마감하고 요동치기 시작했다. 시선을 국내로 돌려보면, 2월 3일 한국을 찾은 제임스 매티스 미국 국방장관은 한민구 국방장관을 만나 '핵우산' 제공 등 한국 방위 공약을 재확인하고 주한미군의 사드(THAAD·고고도미사일방어) 체계를 올해 안에 배치하기로 했다. 〈한겨레〉에 따르면, 트럼프 행정부 출범 이후 처음 열린 한미 국방장관 회의에서 3월에 예정된 한미 연합훈련 '키 리졸브'를 강화된 형태로 실시하기로 했다고 한다. 또 2월 7일에는 윤병세 외교장관과 렉스 틸러슨 국무장관이 첫 전화 통화에서 "계획대로 사드 배치를 추진해나가자는 데 의견을 같이했다"고 한다. 외교부는 "주한미군의 사드 배치는 오직 북한의 위협에 대응하기 위한 방어적 조치이며, 다른 국가의 이익을 침해하지 않는다는 인식"을 함께했다고 덧붙였다. 이는 사드 배치에 강하게 반발해온 중국과 러시아를 겨냥한 발언이다. 국제적으로는 세계 질서의 주요 축이 흔들리고 국내적으로는 박근혜·최순실 게이트로 대통령 탄핵 국면이 전개되는 상황에서 외교·국방장관의 입에서는 판박이 말밖에 나오지 않는다. 미국이 주조한 판이라는 것은 오래된 비밀. 30년 동안 북한에 비해 30배나 많은 국방 예산을 쓰면서도 전시작전권을 환수받지 못하는 그들에게 '최소한의 자주성'을 요구하는 것은 연목구어일 것이다.

〈한겨레〉와 〈르몽드〉지를 교차하면서 내게 다가온 생각은 허허롭게도 "미국에 '들어간다'"고 말하는 부류와 '우물 안 개구리'에 대한 두 가지였다. 미국에 가면서 "나, 이번에 미국 가!"라고 말하는 대신 "나, 이번에 미국에 들어가!"라고 말하는 한국인이 적지 않다. 아마 미국이 자기 나라로 내면화되어 자연스럽게 "미국에 들어간다"고 말하게 되었을 것이다. 그런 부류에게 성주군민과 김천시민, 그리고 원불교 신도를 비롯하여 사드 배치에 반대하는 다수 국민은 보이지 않을 것이다. 주권자인 국민을 두려워할 줄도 모르고 염치도 없는. 그렇지 않다면, '대통령이 탄핵 소추된 상황이니 추이를 보고 논의하자'고 비켜갈 여지가 있음에도 사드 배치를 밀어붙이는 그들의 행태를 어떻게 이해할 수 있겠는가. 트럼프의 미국, 푸틴의 러시아, 아베의 일본, 그리고 시진핑의 중국이라는, 국가주의로 치닫는 강대국들에 둘러싸인 오늘의 한반도는, 세계 질서의 동향을 읽지 못한 채 친청, 친일, 친러, 친미로 마치 코끼리의 다리 하나씩을 붙들고 기득권을 유지하려고 했던 구한말의 매판적 지배 집단을 되돌아보게 한다.

2월 7일 송민순 전 외교통상부 장관은 "(트럼프 행정부가) 일본이나 독일보다 안보의 약점을 더 많이 안고 있는 한국을 상대로 '살계경후(殺鷄儆猴, 닭을 죽여 원숭이한테 겁을 준다)'를 시도할 가능성에 대비해야 한다"고 경고했다. 그에 따르면, "사드의 한국 배치는 미중 간 전략적 대결 구도의 핵심 부분"이고 "배치의 배경과 기술적 측면을 중국에 설명해 설득한다고 풀릴 문제가 아니다". 결국 우리가 미국과 중국의 고래 싸움에 등 터지는 새우의 처지가 될 수 있다는 것이지만, 나의 우려는 그가 말한 경고의 수준을 뛰어넘는다. 무엇보다 북의 미사일을 요격한다는 사드의 성격이 전쟁 상황을 전제하고 있어서다. 창과 방패 사이의 모순이 끝없는 상승작용을 일으킬 때 죽어나는 것은 남북 민중이다. 또 세계 자본주의 체제의 모순과 마찬가지로 강대국 사이의 갈등도 약자의 희생이라는 대가를 치르고 정리되는 게 국제 현실이다. 사드는 한국이 땅만 내줄 뿐, 미군의 전략적 자산이다. 게다가 아직 배치되지도 않았다. 그런데도 중국의 경제 보복의 화살은 미국이 아닌 한국에 이미 꽂히고 있다. 앞으로 미중 무역 전쟁이나 남중국해 갈등, '하나의 중국'과 대만 문제, 센카쿠(댜오위다오)를 둘러싼 중일의 갈등이 날카로워진다면? '아랍의 봄' 이후 전쟁의 참화를 겪고 있는 시리아 다음으로 지구상 어딘가에서 전쟁이 일어나야 한다면? 정밀 타격의 유혹이 최소한 국지전을 일으켜서 한반도를 덮칠 수도 있다는 무서운 상상이 뇌리를 떠나지 않는다. 이 점에서 나는 차라리 양치기 소년이 되겠다!

정욱식 평화네트워크 대표는 최근에 펴낸 책 『사드의 모든 것』에서 "사드는 북핵 대처에는 무용지물이며 한국의 이익에는 백해무익하다"고 힘주어 말한다. "성주에 사드가 배치되면 2000만 국민의 안전을 더 굳건히 지킬 수 있다"는 국방부의 주장과 전면 배치된다. 한국 사회 구성원이라면 누구의 말이 진실에 가까운지 알아야 한다. 정 대표는 머리글에서 사드에 찬성하는 사람들, 대선 후보들을 포함한 정치인들과 그 참모들에게 일독을 권했다. 이재명 후보와 정의당의 심상정 후보가 사드 반대 입장을 분명히 하고 있는 반면, 안철수 후보는 모호한 '조건부 사드'를 주장하고, 안희정 후보는 사드 수용 의사를 밝혔다. 국익을 최우선시한다는 안희정 후보는 개인적으로 사드에 동의하지 않지만, "이제 와서 뒤집는다는 건 쉽지 않다"면서 "전통적 한미 전략적 관계를 그렇게 쉽게 처리하면 안 된다"고 주장했다. 미국 우선주의로 당선되어, 이제 취임한 지 보름도 지나지 않은 트럼프는 환태평양경제동반자협정(TPP)을 거둬들이고 북미자유무역협정(NAFTA·나프타)의 재협상을 요구하면서 대서양 양안 관계를 흔들고 있다. 그런 트럼프의 눈에 '한국 대통령 안희정'은 어떻게 비칠까?

대세론의 수혜자인 문재인 후보는 1월 15일 〈뉴시스〉와의 인터뷰에서 "사드 배치 결정을 취소한다는 방침을 가지고 다음 정부로 넘기라는 것이 아니다. 한미 간 이미 합의가 이뤄진 것을 그렇게 쉽게 취소할 수 있다고 생각하지 않는다"고 말했다. 그의

'분명하지 않음'은 결선투표제가 요구되는 또 하나의 이유다. "나는 차선으로라도 유권자 과반수의 지지로 대통령에 당선되었다. 국민에게 했던 공약을 지켜야 한다"고 조금은 더 당당히 말할 수 있을 테니까. 대통령 후보라면 사드 배치와 같은 중대한 의제에는 분명한 의사를 밝혀야 하고 결선투표제는 그런 방향으로 작용할 것이다.

2017. 2. 9.

---

사드는 문재인 정권 초기에 추가 배치되었다.

# 모든 국민은 자기 수준의 정부를 가진다

'결정적 단서'가 나온 것은 그야말로 행운이었다. 제이티비시(JTBC)가 보도한 태블릿피시(PC) 말이다. 청와대가 주도한 미르재단과 케이(K)스포츠재단 설립에 최순실이 개입되었다고 집중 보도한 〈한겨레〉와 〈경향신문〉 기자들의 노고가 가볍다는 것이 아니다. 그럼에도 그 결정적 단서가 드러나지(10월 24일) 않았다면, 과연 박근혜 대통령이 고개 숙여 사과하고(10월 25일), 국정농단의 진상을 규명하라는 요구가 봇물을 이루어 2만-20만-100만-95만-190만-232만의 촛불 시민이 광장을 메울 수 있었을까? 과연 검찰과 여타 주류 언론이 태도를 바꾸고, 새누리당이 분열하여 대통령을 탄핵 소추하기에 이르렀을까? 나는 그 결정적 단서의 발견이 몹시 반가우면서도, 그것의 우연적 성격에 섬뜩 놀라기도 했다. 워낙 설득하기는 어렵고 선동하기는 쉬운 토양이다. 만약 그 태블릿피시가 파기되었거나 감춰졌다면? 이 물음은, 〈한겨레〉 독자 한 분의 성찰적인 물음("왜 우리는 2년 전에 세월호 가족들과 함께 촛불을 들지 못했나요?")과 함께 내 뇌리를 떠나지 않는다.

"모든 국민은 자기 수준의 정부를 가진다."

알렉시 드 토크빌의 말로 잘못 알려져 있지만, 그보다 조금 일찍 프랑스에서 태어난 반혁명주의자 조제프 드 메스트르(Joseph de Maistre)의 말이다. 이 말을 오늘날의 국면에 적용하면, 박근혜 대통령과 국민 사이의 수준 차이가 백일하에 드러나면서 탄핵이라는 비상조치를 불러오게 됐다. 이를테면, "이게 나라냐?"는 외침과 함께 서울 광화문 광장을 비롯하여 곳곳에서 타오른 촛불들은 박근혜 정부에 비해 높은 국민의 수준을 스스로 밝히고 있다고 하겠다.

하지만 4년 전 박근혜 후보를 대통령으로 당선시켰던 국민의 수준이 오늘 갑자기 올라간 것은 분명 아닐 것이다. 그렇다면, 오늘날 박근혜 정부가 국민에 비해 훨씬 낮은 수준이라는 사실을 96퍼센트의 국민이 알기 위해 결정적 단서가 우연히 발견되어야 했다면, 박근혜가 대통령이 되기 전부터 오늘날까지 정치권과 언론은 물론, 검찰과 지식인을 포함한 전문가 집단은 도대체 무엇을 했던 것일까? 분명한 것은 그들 중 주류를 차지하는 세력은 국민 수준에 뒤떨어지는 정부를 지향하는 편에 서 있었다는 점이다. 지금까지 그래 왔고 앞으로도 그럴 것이다. 국민의 수준보다 낮은 정부 아래 있어야 기득권을 계속 누릴 수 있기 때문이다. 그들이 정부가 국민보다 낮은 수준임을 감추려고 애

쓰는 것도 그 때문이다. 이는 우리가 재벌개혁과 함께 언론개혁, 검찰개혁을 강조한 게 언제부터였는지 되돌아보면 금세 알 수 있다. 개혁 대상인 그들이 개혁을 이끌 만한 정부를 원치 않는 것은 당연한 일이므로.

역사 진전의 발걸음은 워낙 느리고 때론 뒤로 돌아간다는 것을 알기 때문이다. 적폐 청산? 솔직히 말해, 크게 기대하지 않는다. 지금은 다만 식물 정권이라 그 앞에서 고개를 쳐들고 비아냥대기도 하지만, 다시금 국민보다 낮은 수준의 정권 앞에서 납작 엎드릴 날이 곧 올 것임을 잘 안다. 그래서 87년 6월 항쟁 이래 새 시대를 열게 되었다는 오늘, 나의 바람은 다만 19세기 초의 보수주의자가 말한 "국민 수준에 맞는" 정부와 국회를 구성할 수 있는 제도를 만들어달라는 정도로 소박하다. 결선투표제(대통령)와 독일식 비례대표제(국회의원)가 그것이다.

대부분의 대통령제 국가는 결선투표제를 제도화하고 있다. 이 제도는 1차 투표에서 과반 득표를 얻은 후보가 없을 때, 1, 2위 후보가 2차 결선투표에 나서는 것이다. 한 번의 투표로 당선자를 결정하는 것보다는 결선투표를 통해 차선이라도 투표자 과반수의 찬성을 얻어 대통령에 당선되게 하는 것이 국민의 뜻에 더 가깝고 대통령도 책임 의식을 더 가질 수 있다고 보기 때문이다. 이 제도의 유무는 나라의 정치 풍향계에 엄청난 차이를 부여한다. 가령 내년 봄의 프랑스 대선에서 극우 정당의 마린 르펜 후보는 1차 투표에서는 1위를 차지할 수도 있지만 대통령에 당선될 가능성은 제로에 가깝다.

　우리에게 이 제도가 없었기 때문에 우리의 현대 정치사는 이루 말할 수 없는 왜곡과 반동의 굴절을 겪어야 했다. 87년 6월 항쟁이, 속된 표현으로 '죽 쒀서 개에게 준' 꼴이 되어버린 가장 큰 이유는 결선투표제가 없었기 때문이다.

　최근 엄기호 씨의 책 『나는 세상을 리셋하고 싶습니다』의 서문에서 "우리는 광장의 조증과 삶의 울증을 반복하고 있다"는 문장을 읽었다. 광장의 조증과 삶의 울증의 반복이라…. 그것은 4월 혁명의 광장이 5·16 군사 쿠데타에 짓밟히고, 80년 5월의 광주항쟁이 전두환 무리에게 처참하게 압살된 이후 87년 6월 광장마저 '노태우 당선'으로 귀결된 데서 비롯하지 않았을까.

　우리에게 결선투표제가 있었다면 '양김(김영삼과 김대중)'이 분열하지 않아도 되었고, '3당 합당'이라는 정치적 반동의 흐름도 막을 수 있었을 것이다. 역사적 기회를 허망하게 잃어버린 것이다. 폐족이 되어야 마땅했던 반민주 수구 세력이 '산업화' 세력이라고 자칭하며, 물질지상주의와 영남패권주의에 올라타고는 이명박·박근혜 정권을 이루어 오늘날에 이른 게 아니던가.

　박정희·전두환의 오랜 철권통치를 마감시킨 87년 6월 항쟁으로 획득한 직선제 개헌에 결선투표제를 결합시키지 못한 것은 두고두고 가슴을 칠 일이다. 결선투표제는 사표 걱정이 없는 1차 투표를 통해 국민의 뜻이 정확히 드러난다는 이점뿐만 아니라 벌써부터 냄새를 풍기는 기회주의자를 미연에 솎아낼 수 있다는 이점도 있다.

한 번의 투표로 결정하는 현재의 제도 아래에서는 국민 30 퍼센트 안팎의 지지로 대통령에 당선될 수 있다. 마찬가지로 소선거구제 아래에서는(금년 4월 총선은 예외에 속한다) 국민 40퍼센트 정도의 지지로 국회 의석의 60퍼센트 가까이를 차지할 수 있었다. 이미 지배 세력의 의식화 작업에 의해 '존재를 배반하는 의식'이 적지 않은데, 그런 의식조차 제대로 대의되지 않는 것이다. 소선거구제가 민의(국민의 뜻)를 대변해야 하는 국회 구성 자체에서 민의를 왜곡한다는 점, 민주주의가 성숙된 나라는 비례대표제를 실시하고 있다는 점, 그중에서도 독일식 비례대표제가 민의를 가장 정확하게 대변한다는 점 등은 지금까지 오랫동안 수많은 사람에 의해 끊임없이 제기되어온 사실이다. 그럼에도 비례대표 의석은 거꾸로 줄어들었다. 민의보다 기득권을 대변하는 만큼, 지금의 국회 또한 정부와 마찬가지로 국민의 수준 아래라고 말해야 한다.

누구 말대로, 옛것은 사라졌는데 아직 새것은 오지 않은 혼돈의 시간. 대권 지망생들이 각자의 계산에 따라 개헌을 놓고 갑론을박하지만, 결선투표제와 비례대표제를 요구하는 목소리는 잘 들리지 않는다. 입으로는 민의를 대변하겠다고 말하지만, 민의를 올곧게 대변하는 제도에는 눈을 감고 있는 것이다. 그렇다면 스스로 노력한 결과가 아니라 반사이익으로 강력해진 국회에 새로운 시대를 상징하는 획득물로 두 제도의 입법을 기대할 수는 없을까? 거듭 강조하지만, 국민보다 높은 수준도 아닌, 그저 '국민 수준에 맞는' 정부와 국회의 구성을 위한 제도인데!

2016. 12. 15.

# 야당의 야성은 어디에

"이런 야만적 불법행위와 권력 남용을 자행하는 현 정부와 대통령은 탄핵 대상이 아닌가요? 이런 정도의 사건이 서구에서 일어났다면 어떤 대통령도, 어떤 내각도 사임할 일이 아닙니까?"

박원순 서울시장이 최근 페이스북을 통해 대통령 탄핵을 요구했다. 그는 박근혜 정권의 문화예술계 블랙리스트 작성을 문제 삼았다. 헌법에 국민소환제가 없는 상황에서 박 시장의 요구는 국회를 향한다. 우리는 2004년 3월 대통령 탄핵 소추안이 국회에서 의결되고 헌법재판소가 이를 기각할 때까지 2개월 동안 노무현 대통령이 그 직을 수행할 수 없었던, 대한민국 헌정사상 초유의 일을 기억하고 있다. 당시 노 대통령이 탄핵 소추된 것은 총선을 앞두고, "열린우리당이 표를 얻을 수만 있다면 합법적인 모든 것을 다 하고 싶다", "국민들이 총선에서 열린우리당을 압도적으로 지지해줄 것을 기대한다"고 발언하여 선거 중립을 위반했다는 이유 때문이었다. 측근 비리와 경제 파탄의 책임을 덧붙였지만 그것은 형식적인 곁다리였다. 그에 비하면, 박근혜 대통령은 블랙리스트 작성만으로도 탄핵 소추의 사유가 되고도 남을 것이다. 그 위에 세월호 참사 때의 일곱 시간 공백과 총체적 대응 실패, 개성공단 폐쇄, 국가정보원의 간첩 조작과 해킹 사건, 국가 폭력에 의한 백남기 농민 살해, 10억 엔으로 "최종적, 불가역적으로 해결했다"는 일본군 위안부 12·28 합의, 사드 배치 결정, 최근의 최순실 사태에 이르기까지 박근혜 대통령의 탄핵 소추를 따져야 할 이유는 차고도 넘친다.

돌이켜보면, 2012년 대통령 선거 당시 국정원의 선거 공작 사건을 그냥 넘길 일이 아니었다. 국가기관이 불법적인 선거 공작을 노골적으로 저질렀는데도 문제를 제기하지 않고 선거 결과를 승인해줄 권리는 누구에게도 없다. 그 잘못은 박 정권에게 무소불위의 날개를 달아주었고, 오늘날 탄핵의 국면까지 불러온 것이다. 박 시장의 탄핵 요구에 대해 새누리당은 대변인 김성원의 입을 통해 "서울시장의 위치와 직분을 넘고 넘어도 한참 넘는 '막장 정치 테러'"라고 비난했다. 반면에, 비주류의 자기검열 때문일까, 아니면 노무현 대통령 탄핵에 찬성표를 던졌던 추미애 당시 새천년민주당 의원이 대표 자리에 있어서일까, 그도 아니면 차기 대선 후보 간에 벌어지는 당내 경쟁의 복잡성 때문일까, 박 시장이 속한 더불어민주당조차 가시적인 반응을 보이지 않고 있다. 다만 박홍근 더불어민주당 의원이 "헌법과 민주주의 질서를 훼손하고 부정하는 박근혜 대통령, 그리고 국민은 보지 않고 대통령 심기 보위에만 혈안인 새누리당의 후안무치한 막장 정치를 연일 접해야 하는 민심은 이미 탄핵 그 이상"이라고 반격에 나섰을 뿐이다.

기득권 집단은 광신자 집단 버금가게 열성적이다. 현재의 기득권을 유지하거나 키우려고 할 때는 뻔뻔스러움과 억지를 부린다면, 기득권을 조금이라도 빼앗길 우려가 있을 때는 거기에 악착스러움까지 보태는 경향이 있다. 국회의원 다수를 빼앗긴 4월 총선 이후 6개월이 지난 오늘날까지 더 치열하게 싸우는 쪽은 새누리당이다. 미르 재단, 케이(K)스포츠 재단 사건으로 수세에 몰린 그들이 송민순 전 외교통상부 장관의 회고록『빙하는 움직인다』를 빌미로 반격에 나서는 모습을 보라. 이른바 '유엔북한인권결의안 문재인 대북결재요청사건 티에프(TF)'를 꾸리더니 곧 위원회로 격상시켰다. 최근 〈한겨레21〉이 합리적 보수의 인물로 표지 사진에 실은 유승민 의원은 "문재인 전 대표에게는 인권에 대한 상식을 찾아볼 수 없다"고 말해 그의 합리적 보수가 무엇인지를 의심스럽게 했다. 특히 국회부의장 심재철 의원은 "해방 뒤 반민특위가 있었듯, 통일 뒤 인권법정이 열리면 문 전 대표를 법정에 세워야 한다"고 뒤집힌 역사 인식을 거침없이 드러냈다. 진실은 정치 담론에서 참조해야 마땅한 가치이지만, 사람들은 이제 이를 외면하는 상황이 되었다. 이는 쏟아지는 정보를 파편화하여 기존의 당파성 안에 갇히게 하는 사회관계망의 성장에 일부 원인이 있다. 한 분석가는 "인터넷과 사회적 관계망에서 사용되는 알고리즘은 모든 시민을 모순되는 정보와 부딪히지 않은 채 똑같은 방식으로 생각하게 만드는 지적, 미디어적 환경에 가두는 인식 틀을 형성한다"고 지적했다. 이런 맥락에서 30퍼센트의 콘크리트 지지율조차 무너졌다는 것은 박근혜 정권의 국정농단과 난맥상이 어느 정도에 이르렀는지 가늠케 한다.

최근에 〈르몽드〉는 '트럼프, 위험한 인물'이라는 제목의 사설에서 "트럼프가 거짓말을 밥 먹듯 하여 거짓이라는 개념 자체를 무력화시켰다"고 했다. 그런데 새누리당에는 그와 비슷한 인물들이 적지 않다. 가령 "국회의원이 단식하는 나라는 한국밖에 없다"고 했던 이정현 새누리당 대표는 자신의 말을 뒤집어 주군을 향한 충정으로 단식을 결행했다. 그렇다면, 백남기 농민을 살해한 국가 폭력이 그 비통한 주검에 다시 칼을 대려 하는 야만만큼은 막겠다고 나서는 야당 정치 지도자도 나와야 하는 게 아닐까. 현재까지 세월호 특별법 개정이 이루어지지 못한 것에 대해 이를 전방위적으로 막은 새누리당보다는 야당을 질책하고 싶다. 정치 도의는커녕 인간의 도리마저 사라져가는 이 참담한 세상에 대한 처연함을 그래도 야당과는 나눌 수 있다고 믿기 때문이다. 그래서 야당에 야성을 좀 더 발휘해달라고 요구하면 지나친 주문이 될까?

실상 노동자 민중의 비판적 시각으로 보면, 오늘날 한국 정치에는 두 개의 여당이 있다고 말해야 할지 모른다. 하나는 청와대와 정부를 장악한 새누리당이라는 여당이고, 다른 하나는 대부분 국회의원이 목적인 더불어민주당과 국민의당이라는 '국회의 여당'이 그것이다. 한국에서 국회의원이라는 특권적 지위를 누리는 이들에게 결여되기 쉬운 절박함을 대신 채워줄 이념을 기대하기는 어렵기 때문이다. 자주 챙기겠다고 말하곤 하는 그들의 민생 어디쯤에 지금 감옥에 갇혀 있는 한상균 민주노총 위원장이 있을까? 또 성과연봉제와 저성과자 퇴출에 맞서 파업을 벌이는 공공 부문 노동자들에게 더불어민주당과 국민의당은 무엇의 이름으로 있을까? 1년 넘게 강남역 8번 출구에서 '이어 말하기 농성'을 벌이고 있는 반올림(삼성전자 직업병 문제 해결을 위한)에게는? 미르 재단, 케이스포츠 재단에 800억 원을 모아준 재벌 기업이 반대급부로 얻을 수십, 수백 배의 대가가(그렇지 않다면 그들이 왜 돈을 갖다 바치겠는가) 사실은 노동자 몫일 수도 있다는 인식을 하고 있을까?

그렇다. 진보 정당, 이념 정당이 취약하다. 자세히 읽지 않은 탓인지 모르겠으나 〈한겨레〉에서도 최근 녹색당에서 여성 청년 김주온 씨와 농민 최혁봉 씨가 공동 운영위원장으로 선출된 일이나, 노동당에서 이갑용 전 울산동구청장이 당대표로, 탈핵 운동을 해온 이경자 씨와 행동하는 의사회에서 활동한 임석영 씨가 부대표로 선출된 소식조차 찾아볼 수 없을 만큼 소수 이념 정당은 철저히 무시된다. 그러니 지금으로선 힘 있는 야당에 호소할 수밖에. 야성을 강화해달라고. '공격이 최선의 방어 무기'라

는 것을 새누리당의 독점물로 놔두지 말라고. 두려울 게 무엇인
가. 국민 다수가 지지하고 있는데! 박정희 정권이나 전두환 정권
때와 달리 고문당할 일도 없지 않은가.

2016. 10. 20.

# 테러보다 무서운 것

2015년 11월 13일, 130명의 사망자와 350여 명의 부상자를 낸 파리 테러는 공격 대상을 정확히 갖고 있었던 9·11 테러와 달리 눈먼 테러였다. 프랑수아 올랑드 프랑스 대통령은 즉각 국가비상사태를 선포한 뒤 그 기간을 3개월 연장했다. 그리고 시민의 기본권을 제한하는 애국법을 밀어붙였던 미국의 부시처럼 테러와의 전면전을 선언했다. 〈한겨레〉가 세월호 참사로 억울하게 죽은 희생자들을 박재동 화백의 그림과 함께 추도했듯이, 〈르몽드〉도 매일 다섯 명씩 희생자들을 기리는 친지의 글을 사진과 함께 실었다. 한편 한국 정부와 여당은 파리 테러를 빙자하여 테러방지법을 입법하려고 획책하고 있다. 선거 조작을 위한 댓글 공작에 능하고 간첩을 조작하는 능력도 우수한 국가정보원이 테러까지 조작하지 않을까 걱정이 앞선다.

　이 자리를 빌려 강조하건대, 우리가 두려워해야 할 것은 테러가 아니라 전쟁과 폭정이다. 우리가 전쟁을 겪었으며 오랫동안 폭정(박근혜 정권 아래 지금도 진행 중이다)에 시달렸음을 잊을 수 없거니와, 한국은 세계 체제의 중심부인 미국이나 유럽도 아니다. 미국은 베트남전쟁 이후 "전쟁을 일으키되, 겪지 않는다"는 전략을 구사하고 있다. 이 전략은 그들이 벌인 이라크 전쟁과 아프가니스탄 전쟁 이후 더욱 공고해지고 있다. 앞으로 그들은 지상군 파견을 최소화하면서 대리전을 치르게 하거나 공중에서 투하하는 폭탄 중심으로 전쟁을 벌일 것이다. 그러면 당연히 민간인 희생자 비율이 늘어날 것이다.

주변부에 속하는 시리아는 지난 4년 동안 20만 명이 넘는 국민이 아사드 정권의 폭정과 전쟁으로 희생되었지만 파리 테러와 달리 그들의 비참한 상황은 언론에도 잘 비치지 않는다. 우리가 두려워해야 할 것이 테러가 아니라 전쟁과 폭정이라는 점은 "'아랍의 봄' 이전에 시리아인들이 두려워했던 게 테러였을까, 전쟁과 폭정이었을까?"라는 질문을 던지는 것만으로 충분히 확인 가능하다. 그럼에도 한국 정부와 여당은 남북 사이의 긴장 상태를 완화시키기보다는 악화시키는 방향으로만 가고 있다. 테러방지법도 그 일환이 아니겠는가.

얘기가 다른 데로 흘렀다. 이번 파리 테러가 9·11 테러와 다른 또 하나의 중요한 차이점이 있다. 9·11 테러가 사우디아라비아 국적자가 다수를 차지하는 외부 세력의 소행이었다면, 파리테러는 무슬림 부모 아래 프랑스나 벨기에에서 태어나 학교를 다녔으며, 프랑스나 벨기에 국적을 갖고 있는 내부 구성원의 소행이었다는 점이다. 가령 파리 바타클랑 공연장 테러의 범인인 푸에드 모하메드 아가드는 부모가 알제리인과 모로코인으로, 1992년 프랑스 동부 스트라스부르 근교에서 태어났다. 프랑스의 경찰이나 직업군인이 되고 싶었으나(!) 뜻을 이루지 못하고 식당 알바, 건설 일용직, 철공소 일을 전전했다. 그러다 그가 결국 지하디스트의 일원이 되었던 것은, 프랑스의 한 분석가가 지적했듯이, '무슬림의 급진화'라기보다는 사회에서 배제되고 소외된 '급진 세력의 무슬림화'에 가깝다.

5000명 정도로 추산되는 유럽 출신 이슬람국가(IS) 대원 중에 1800여 명이 프랑스 출신이라고 한다. 그들이 테러리스트라는 악의 화신으로 태어난 것이 아니라면, 그들의 존재는 국제 정치에서 강자 마음대로인 '힘의 정의'만이 실현되는 것에 대한 분노를 보여주는 동시에, 유럽의 경제 통합이 사회적 소수자·저소득층에 대한 사회 통합에는 실패했음을 보여주는 것이다(이렇게 그들을 이해하려고 노력하는 것은 그들을 관용하거나 그들에게 동조하는 것이 아니다).

이른바 '흙수저'로 태어난 젊은이가 자기 삶을 설계할 수 없는 상실의 시대를 살고 있다는 점은 유럽이나 한국이나 크게 다르지 않다. 파리 테러가 12월 5일과 12일에 치러진 프랑스의 광역 지방선거에서 극우파 국민전선(FN)의 약진에 이롭게 작용한 것은 분명하다. 하지만 테러 이전부터 국민전선은 이미 프랑스 서민 계층과 하층 노동자 계급 사이에서 제1당이었다. 비록 2

차 결선투표에서 지방 행정부를 장악하는 데는 실패했지만, 1차 투표의 분포(국민전선 28퍼센트, 우파 27퍼센트, 사회당 21퍼센트)를 보면 국민전선은 프랑스의 공공연한 제1당이었다. 극우파를 지지하는 프랑스 국민 30퍼센트가 인종주의자나 파시스트가 아니라면, 이런 결과를 낳은 배경과 이유를 다른 데서 찾아야 마땅하다. 요컨대, 프랑스 국민이 국민전선을 지지하는 동기는 실업, 구매력 저하, 빈곤 상태 지속 등 경제적·사회적 문제와 연결돼 있는 것이다. 우파 집권 세력과 똑같이 사회당 중심의 좌파 집권 세력 또한 유럽연합의 지침과 금융자본에 복속되어, 기층 인민을 버렸다. 이 틈을 국민전선이 선동적 포퓰리즘과 이슬람 혐오의 기치로 치고 들어온 것이다. 다시 말해, 정치 세력으로서 국민전선이 강력해진 주된 이유는 지난 30년간 금융자본과 결탁한 위정자들이 정치를 실종시킨 탓이지, 프랑스 국민이 파시스트화한 탓이 아니라는 것이다.

국민전선 당수인 마린 르펜은 그의 아버지 장마리 르펜이 '반이민'을 표방했던 것과 달리 '반무슬림'을 기본 전술로 활용하고 있다. '반유대'도 포함되었던 '반이민'에서 벗어나 무슬림을 주 공격 대상으로 삼아 표를 얻는 동시에, 현실 사회주의가 붕괴한 이후의 세계 지배 질서('문명 충돌'을 강조하면서 무슬림 세계에 대해 이중 잣대를 관철시킨다. 이는 이스라엘과 팔레스타인 관계에 대해서도 마찬가지다)에 부응함으로써 통치자로서의 자격을 유지하겠다는 속셈이 담겨 있다. '반이민'은 그 자체로 반인권적 성격을 갖고 있어서 거부감을 불러일으키지만 '반이슬람'은 달리 느껴질 여지가 있다. 이에 따라 이스라엘뿐만 아니라 유럽의 모든 극우 정당은 '반무슬림'을 매개로 다에시(Daesh/Daech, '이슬람국가'의 아랍어 명칭)와 적대적 공생 관계를 누리고 있다. 돌이켜 보면 프랑스에서는 다에시 이전부터 주류 언론과 문화인에 의해 '이슬람 혐오'가 유포되어왔다. 〈르몽드〉 1면에 소개되었던 베스트셀러 『복종』의 저자 미셸 우엘베크나, 80년대에 반인종주의 단체인 'SOS 인종주의'에서 활약했으나 지금은 반무슬림 극우 인사로 변신한 신철학파의 알랭 핑켈크로트가 대표적인 예다.

위기는 항상 희생양을 필요로 하는 법. 유럽의 지배 세력은 반무슬림을 전면에 내세움으로써 신자유주의 기조가 낳은 정치의 실종과 사회 통합의 실패를 가리고 있다. 이와 같은 정치의 실종과 사회 통합의 실패는 젊은 세대의 탈정치화를 불러왔다. 이번 광역 지방선거 1차 투표에서 18~24세의 프랑스 유권자 가운데 65퍼센트가 기권했다. 투표에 참여한 나머지 35퍼센트 가운데 3분의 1이 국민전선을 찍었고, 이어 사회당(21퍼센트)과 우파(20퍼센트)에 투표했다. 젊은 세대의 이와 같은 탈정치적인, 나아가 반체제적인 성향은 대도시 외곽의 저소득층 지구에서 함께 사는 기층 인민 계급과 무슬림 출신 사이에 적대적 경계가 형성될 위험이 작지 않음을 보여준다.

9·11 테러 이후 "테러 이전과 이후가 다를 것"이라는 말이 나왔듯이, 프랑스 신문 지면에는 '바타클랑 세대'라는 말이 등장

했다. 파리 테러는 앞으로 무슬림을 적대시하는 지배의 도구로 동원될 것인가, 아니면 정치를 회복시키고 국제 정의를 실현하여 사회 통합의 길로 이끌 변곡점이 될 것인가.

2015. 12. 17.

# 외침의 빈자리

지난 1월 초 프랑스 파리에서 이틀 간격을 두고 〈샤를리 에브도〉 잡지사와 유대인 식료품 가게를 겨냥한 테러 행위가 일어났다. 두 건의 테러로 17명이 목숨을 잃었다. 세 명의 이슬람근본주의 테러리스트가 저지른 야만적인 행위에 맞서 프랑스는 물론 세계 각지에서 경악, 분노, 비탄의 목소리가 나왔고 "나는 샤를리다!"라는 구호가 각종 미디어와 에스엔에스(SNS) 등을 통해 퍼져나갔다. 1월 11일에는 파리에서만 100만에 가까운 시민이 레퓌블리크(공화국) 광장에 운집하여 테러 반대와 톨레랑스를 외쳤고, 프랑수아 올랑드 프랑스 대통령을 비롯하여 독일의 앙겔라 메르켈 총리, 영국의 데이비드 캐머런 총리, 이스라엘의 베냐민 네타냐후 총리 등이 양팔을 껴안고 파리 대로를 200미터가량 행진하는 모습을 연출하기도 했다.

"나는 샤를리다!"라는 말에서, 우리는 1963년 서베를린을 방문한 케네디 대통령이 군중 앞에서 "나는 베를린인이다!"라고 선언하여 환호를 받았던 일과 2001년 9월 11일 뉴욕의 세계무역센터 테러 당시 〈르몽드〉 신문이 '우리는 모두 미국인이다!'라는 제목의 사설을 실었던 일을 떠올릴 수 있다. 과문의 탓인지, 나는 미국의 부시 대통령이 대량살상무기를 핑계로 이라크를 침략했을 때나 그로 인해 어린이들을 비롯한 수십만의 무고한 이라크인이 죽임을 당했을 때 '우리는 이라크인이다!'라는 제목의 사설을 썼다는 서방의 언론에 관해 들어보지 못했다(진보를 표방하는 매체도 마찬가지였다).

"나는 샤를리다!"라고 외친 수많은 사람들 중에 〈샤를리 에브도〉의 독자는 일부에 지나지 않는다. 다수는 〈샤를리 에브도〉가 지난 10여 년 동안 이슬람의 예언자 무함마드와 이슬람에 대해 어떤 풍자 만평을 게재했는지 모른다. 그럼에도 "나는 샤를리다!"라고 외치고 나선 것이다. 그만큼 테러에 대한 반대 의지를 표명한 것이라고 할 수 있다. 이 같은 "나는 샤를리다!"의 물결은 〈샤를리 에브도〉가 '표현의 자유'를 상징하는 언론 매체라는 점에 힘입었을 것이다. 이 점은 "펜은 총칼보다 강하다!"라는 다른 구호에서도 확인된다. 그런데 나 같은 관찰자에게는 〈샤를리 에브도〉가 '펜'이었다면 도대체 '어떤' 펜이었을까 하는 질문이 떠오른다. 가령 〈샤를리 에브도〉에 대해 이스라엘 출신 영국 지식인 길라드 아츠몬은 다음과 같이 지적한다. "시온주의 전쟁을 지지한 네오콘·친유대 잡지로서 소수자와 특히 이슬람을 타자화하는 일에 헌신해왔다. 그러면서도 유대인의 권력이나 미국이라는 전쟁 기계에 대한 비판에는 침묵해왔다." 그는 심지어 〈샤를리 에브도〉가 "파리에 파견된 이스라엘의 문화 담당관처럼 행동해왔다"고 거침없이 말했다. 프랑스 지식인들이 감히 꺼내지 못할 말이었다. 실제로 프랑스 지식인들은 유대인 문제에 관해 침묵하고 있다. 그의 말을 다시 빌리자면, "생각하는 것을 그대로 말하는 대신 말하기 전에 생각하라고 가르치는", '정치적 올바름'이 강제하는 '자기 검열' 때문일 것이다.

이스라엘의 역사학자 슐로모 산드는 '나는 샤를리가 아니다!'라는 글에서 수류탄을 터번처럼 두른 무함마드 풍자화에 대해 "이슬람을 테러와 동일시한 것은 유다이즘을 돈과 동일시한 것과 같다"고 지적하면서 〈샤를리 에브도〉가 이슬람뿐만 아니라 모든 종교를 공격했다는 주장을 일축했다. 설령 〈샤를리 에브도〉가 모든 종교를 똑같이 공격했다고 해도 공격을 받는 처지가 약자인가 강자인가에 따라 전혀 다르게 받아들일 수밖에 없다. 그는 1886년 프랑스에서 『유대인의 프랑스』라는 책이 출간되어 베스트셀러가 되었던 것과, 2014년 『굴복, 이슬람의 프랑스』라는 책이 출간되어 베스트셀러가 되었던 것에 어떤 차이가 있느냐고 물었다. 『굴복, 이슬람의 프랑스』의 저자 미셸 우엘베크는 21세기 초에 유대교의 위협을 선동하는 것은 금지되어 있지만 이슬람의 위협을 떠올리게 하는 책은 얼마든지 팔 수 있다는 점을 잘 알고 있었다는 것이다.

강자의 폭력은 구조적이고 일상적이어서 인식하기 어려운

반면, 약자의 폭력은 삽화적이며 선정적으로 드러난다. 또 기울어진 역학 관계에서 양비론은 강자에 대한 지지와 같다. 올바른 '펜'이라면 독자에게 겉으로 드러나는 파도만 보게 하는 대신, 파도를 일으키는 구조를 보여주려 노력할 것이다. 그러나 언론 매체라는 허울을 쓰고서 타자에 대한 증오와 혐오를 선동하고 타자의 위협을 선정적으로 보도하여 돈벌이 수단으로 삼는 미디어에 관해서라면 분단 상황에 처해 있는 우리가 누구보다도 잘 알고 있다. '표현의 자유'는 존중되어야 한다는 말은 본디 '진실과 공익의 추구'라는 말과 결합되어야만 유효하다. 하지만 북한이라는 타자와 관련된 혐오, 증오, 위협의 선정적 보도는 검증의 어려움이 있기에 더욱 제어되지 않는다. 최근에 한국어로 번역된 『세계의 진실을 가리는 50가지 고정관념』의 저자 파스칼 보니파스는 세상에서 벌어지는 일을 해석할 때 우리가 빠지기 쉬운 유혹으로 '전문가에게 맡기기'와 '단순화하기'를 들었다. 특히 단순화하기가 사이비 언론의 선정성과 만나면 우리는 섬세한 안목을 갖는 대신 '선과 악', '흑과 백'의 이분법적 사고 틀에 갇힐 위험이 크다. 이 점은 최근 신은미, 황선 씨의 북한 방문 이야기를 '종북 콘서트'로 규정하면서 신 씨가 하지도 않은 말을 자극적으로 뱉어낸 종편을 통해 저급한 형태로 증명된다.

〈샤를리 에브도〉를 한국의 사이비 언론과 동열에 놓으면 어느 쪽에서 더 반발할지 모르겠다. '반권위'의 기치를 내걸고 좌파의 시각까지 보였던 〈샤를리 에브도〉가 이슬람에 대한 증오를 부추기는 일탈에 빠진 것을 다만 유대인의 모략이나 상업주의로 설명할 수 있을까? 현실사회주의의 몰락과 함께 보편 이성과 거대 담론에 맞선 포스트모더니즘에도 신자유주의 공세에 대항하는 좌파의 전선을 약화시킨 몫이 있다고 해야 하지 않을까. 〈샤를리 에브도〉가 그렇게 흘러갔듯이, 수많은 좌파 언론이 우경화했고 또 수많은 좌파 정치인이 허울만 좌파로 남았다.

나토의 이라크 폭격을 승인한 유럽의 정치적 수장들과, 팔레스타인 청소년들을 죽음에 이르게 한 책임자들이 이번 파리 시위에서 나란히 앞장섰다는 점은 실로 시사적이다. 적대적 공생 관계라는 말은 두 적대 세력이 서로를 공격하면서 서로를 강화한다는 의미다. 오늘 남북한 정권 사이가 그렇다. 정권의 유지·강화를 위해서는 민중이든 인민이든 삶의 조건을 향상시키기보다는 적대적 공생 관계를 지키는 편이 훨씬 쉬운데다 작은 기득권조차 내려놓지 않아도 된다는 이점까지 따른다. 오늘날 테러 행위를 주도한다고 지목되는 이슬람근본주의는 세계를 지배하는 질서의 수혜자들과 적대적 공생 관계를 이루고 있는 것이 아닐까. 〈샤를리 에브도〉는 과거의 좌파 언론조차도 오늘날엔 이 적대성을 물적 토대로 삼고 있음을 보여주는 사례가 아닐까.

거리를 가득 메운 시위 물결이었지만 텅 비어 있는 듯했다. 좌파의 자리가 비어 있었던 것이다. 앞에 언급한 슐로모 산드는 스스로가 '샤를리(Charlie)'가 아니라 '찰리(Charlie)'라면서 평생 희극 배우로 살며 단 한 번도 가난한 사람과 배제된 사람을 조롱하지 않았던 찰리 채플린을 떠올리게 했다. 찰리 채플린처럼 어린 시절을 빈민구호소에서 보내야만 좌파로 사는 것은 아닐진대, 그런 인물들이 소멸되어가는 중인가.

2015. 1. 29.

# 갈 길이 멀더라도

나만의 일일까. 이제는 신문 지상이나 텔레비전 화면에서 그들의 표정을 보는 일조차 식상하다. 인사청문회 덕일까, 전횡으로 인사권을 행사하지 못하는 게, 그리고 후보자들의 민낯을 들여다볼 수 있게 된 게 그나마 다행스러운 일이다. 하지만 똑같은 방식으로 진행되고 결말지어지는 스펙터클을 멈출 날은 언제쯤 올까?

"부끄러움을 알아야 하기 때문이다."

귀국 전에 "우리는 왜 역사를 공부해야 하나?"라는 내 물음에 대한 프랑스 역사 교수의 거침없는 대답이었다. 그의 대답이 내 뇌리를 떠나지 않는 것은 반역사적 역사관을 드러낸 문창극 총리 후보자 때문만이 아니다. 강자의 논리에 기댄 그의 언설은 6만여 조합원 중에 아홉 명의 해고자가 있다는 이유로 전국교직원노동조합(전교조)을 법외노조로 통보한 박근혜 정부의 막무가내와 힘의 논리만을 따른다는 점에서 같은 뿌리에 있다. 국제적인 보편 규범을 모른 체한다고 하더라도 노동자의 권익을 대변해야 할 고용노동부가 노동 탄압에 앞장서면서 '비정상의 정상화'를 운운하니 할 말을 잃게 된다.

우리가 기억 투쟁을 게을리해선 안 되는 것은 우리가 쉽게 잊기 때문이다. 후보 시절 "증세하여 재원을 늘리지 않고 어떻게 복지와 경제민주화를 이루겠다는 것이냐?"는 문재인 후보의 질문에 "그래서 제가 대통령이 되겠다는 것 아닙니까?"라고 응수했던 박근혜 대통령에게서 복지와 경제민주화는 가뭇없이 사라졌다. 그 자리에 대신 들어선 것은 규제에 대한 적개심이다. 그에게 모든 규제가 암 덩어리에 불과하듯이, 이 땅의 사회 귀족이 되기 위한 일차적 조건은 절제를 저 멀리 내던지는 것이다. 탐욕의 추구에, 경쟁과 효율을 근간으로 하는 신자유주의 정신의 구현이다. 그것이 자본에는 '이익의 사유화, 손실의 사회화'를 뜻한다면, 개인에게는 '명리는 나에게, 책임과 윤리는 개에게나'라고 할 만하다.

그리하여, 자본의 끝없는 이윤 추구를 위해 사회에 적용돼온 규제(구성원의 안전을 비롯한 공공성의 요구에 따른 것이다)를 없애야 하듯이, 입신 출세를 목표로 하는 개인은 공동체의 일원으로 가져야 할 덕목인 절제를 버려야 한다. 2기 박근혜 정부를 구성할 총리, 교육부 장관, 안전행정부 장관, 국가정보원장, 청와대 교육수석 내정자를 비롯한 인물들에게서 예외 없이 드러나는 뻔뻔스러움이나 구림은 우리 사회에서 절제의 미덕이 사라졌음을 가감 없이 보여준다. 실상, 그들이 부끄러움 없이 웃는 표정을 드러낼 수 있는 것은 그만큼 그들이 강력한 세력을 구축하고 있다는 두려운 진실을, 또 이 땅에 사회 귀족 체제가 그만큼 견고해졌다는 사실을 말해준다. 그들의 특징은 사회 각 부문에서 군림하되, 노블레스 오블리주가 없다는 점이다. 공약을 헌신짝처럼 내버려도 계속 찍어주고 지지해주고 선망하고 따르는데, 왜 그런 거추장스러운 의무를 스스로 지겠는가.

동양에서 미덕의 하나로 존중되었던 절제는 서양에서도 고대 그리스 시대부터 중요한 덕목의 하나로 강조되어왔다. 이 절제는 세 방향에서 작용한다. 내면의 성찰에서 비롯되는 자기 절제, 상호 견제와 비판에 의해 작용하는 절제, 그리고 민중의 비판력으로부터 작용하는 절제가 그것이다. 가장 고급한 자기 절제에 대해서는 따로 설명할 필요가 없을 것이다. 가령 언론이 정치권력을 비판하거나 학문이 언론 현실을 비판함으로써 행위자들에게 절제하도록 작용하는 것이 횡적 견제에 의한 절제라면, 투표 등의 행위를 통하여 당선 또는 낙선시킴으로써 위정자에게 절제하도록 작용하는 것을 민중의 비판력에 의한 절제라고 말할 수 있다. 이 세 방향의 절제는 따로 작용한다기보다 서로 영향을 미치면서 작용한다. "모든 국민은 자기 수준의 정부를 가진다"는 조제프 드 메스트르의 말을 인용하지 않더라도, 민중의 비판력이 가장 중요하다는 점은 두말할 필요가 없다. 또 여기서도 "아무런 의문도 품지 않고 기계적으로 따르고 행동하는 사람들이 가장 위험한 사람들"이라는 경구는 그대로 적용된다. 대중의 무지와 무관심이 결코 중립일 수 없다는 점에서 그렇다.

　제자의 논문을 표절하거나 가로채고 연구비를 착복하는 '교육'계 인사들이 판치는 현실은 약자의 몫을 빼앗는 갑을 관계가 어디까지 왔는지 허탈감마저 안겨준다. 여기서 우리가 함께 짚어야 할 점은 그들에게서 절제를 기대할 수 없는 게 그들만의 탓이라기보다 사회 부문 간의 횡적 견제와 특히 민중의 비판력이 제대로 작동하지 않는 탓이라는 사실이다. 행정, 사법, 언론, 기업, 학문, 종교 사이에서 이루어져야 할 횡적 견제는 사회 귀족들 사이의 유착과 지연·학연·혈연 등의 연고주의로 힘을 잃은 지 오래다. 부패한 사람일수록 자신을 보호하기 위해 자신처럼 부패한 사람과 "우리가 남이가"라며 동패를 이루고는 청렴한 사람을 멀리하거나 조직에서 내쫓는 일에 힘을 모은다. 사회의 모든 부문에서 "악화가 양화를 구축하는" 그레셤의 법칙이 적용되는 현실은 그 무엇보다 민중의 비판력이 취약하다는 서글픈 진실의 반영물인 것이다. 권력이든 자본이든 가진 사람은 없는 사람을 사람 취급도 하지 않을 때(루소가 일찍이 말했듯이, 민중은 4년이나 5년 중에 투표하는 하루만 자유롭다), 없는 사람이 기득권 세력을 비판적으로 바라보는 대신 오히려 걱정해준다면 왜 그들이 절제의 미덕을 가지겠는가.

　한편, 우리는 염치나 절제 없이 명리만을 좇는 인물을 비난한다. 그렇다면 우리는 그들처럼 되기를 스스로 거부한 것일까,

아니면 능력이 부족해 그들처럼 되지 못한 것일까? 사회 안에 절제의 미덕이 살아 숨 쉬지 않을 때, 나만큼은 절제를 지킬 것이라는 확신은 대개 절제할 거리나 기회조차 없는 사람의 몫일 가능성이 크다.

따라서 관건은 사회 환경과 세력 관계에 있다. 그것을 규정하는 것은 사회 구성원의 의식이며, 사회 구성원의 의식 형성에 가장 중요하게 작용하는 것은 두말할 것도 없이 교육이다. 이 점을 주류 지배 세력이 더 잘 알고 있다. 〈조선일보〉, 〈동아일보〉를 비롯한 수구 언론이 전교조를 부정하고 붉은 색깔을 입혀서 깎아내리는 데만 부심해온 점이나, 이번 지방선거에서 진보 교육감이 대거 당선된 것에 큰일 난 듯이 호들갑을 떨며 불안감을 부추기는 것은 세력 관계 형성에서 교육이 지대한 영향을 미친다는 점을 누구보다도 잘 알기 때문이다. 그들은 지금까지 자신에게 유리한 쪽으로 크게 기울어져 있던 세력 관계에 작은 변화라도 오지 않을까 노심초사하는 것이다.

아! 이 글을 쓰는 중에 전교조를 법외노조로 통보한 정부의 처분이 정당하다는 법원 판단이 나왔다. 전교조가 고용노동부를 상대로 냈던 법외노조 통보 취소소송에서 법원이 정부의 손을 들어준 것이다⋯. 법률이 아닌 시행령만으로 내린 법외노조 통보가 적법하다니⋯. 이 땅에서 노동의 권리는 그렇게 하찮은 것인가.

갈 길이 멀다는 사실을 다시금 절감한다. 하지만 좌절하지도 포기하지도 말자. 자칫 우리가 빠지기 쉬운 함정의 하나는 개탄하는 것으로 자신의 윤리적 우월감을 확인하면서 자기만족에 머무르는 것이다. 실상 세상이 혐오스럽다고 개탄하기는 쉬운 일이다. 개탄을 넘어 분노할 줄 알아야 하고, 분노를 넘어 참여하고 연대하고 설득할 줄 알아야 한다. 사람들이 기존의 생각을 고집하기 때문에 설득하기 어렵고, 그래서 모두 설득하기를 포기한다면, 세상의 변화를 어떻게 이끌어낼 수 있을까. 의미 있는 일은 언제나 어렵다. 다시금 되새기자. 우리가 가는 길이 어려운 게 아니라 어려운 길이므로 우리가 가야 하는 것이다.

2014. 6. 19.

문재인 정권 3년이 지나도록 '법외노조 전교조'의 위상은 바뀌지 않았다. 전교조는 박근혜 정권의 행정명령으로 법외노조가 되었는데 문재인 정권은 행정명령으로 그것을 되돌리는 대신 법원의 판결을 기다리는 편을 택했다.

**미안함에 대하여**

ⓒ 홍세화 2020

초판 1쇄 발행 2020년 8월 28일
초판 2쇄 발행 2020년 9월 8일

지은이 · 홍세화
펴낸이 · 이상훈
편집인 · 김수영
본부장 · 정진항
인문사회팀 · 권순범 김경훈
마케팅 · 천용호 조재성 박신영 조은별 노유리
경영지원 · 정혜진 이송이

펴낸곳 · 한겨레출판(주) www.hanibook.co.kr
등록 · 2006년 1월 4일 제313-2006-00003호
주소 · 서울시 마포구 창전로 70(신수동) 화수목빌딩 5층
전화 · 02-6383-1602~3 팩스 02-6383-1610
대표메일 · book@hanibook.co.kr

ISBN · 979-11-6040-419-7 03300